자유의 대헌장

갈라디아서

서 문

구원에 관한 교리로서 갈라디아서와 로마서는 각기 다른 사명을 가지고 있습니다. 즉 로마서는 논증적인 접근임에 반해 갈라디아서는 변증적으로 접근합니다. 로마서는 로마에 있는 교회에게 구원에 대한 바른 지식을 전하고자 하였으나 갈라디아서는 이미 바울에 의해서 복음이 전하여진 곳에 율법주의로 말미암아 복음이 왜곡되고 변질되는 위기 가운데 기록된 서신이기 때문입니다. 다소 격앙된 표현들은 이러한 위기 상황을 잘 드러내고 있습니다.

갈라디아서를 잘 이해하기 위해서는 그 구조를 이해할 때에 보다 선명해집니다. 갈라디아서는 서론과 결론을 제외하면 크게 세 부분으로 나뉩니다.

첫 번째 부분은 1장11절-2장이며, '바울의 행적'을 바탕으로 기록되었으며 바울이 전한 복음의 신적 기원을 통하여 이신칭의의 교리를 전합니다. 전혀 복음에 외인이었던 사도 바울의 부르심과 두 번의 예루살렘 방문, 게바 책망 사건입니다. 특별히 두 번의 예루살렘 방문 중에 그가 가졌던 예루살렘의 사도들과의 관계는 복음의 신적인 기원을 잘 증거합니다.

두 번째 부분은 3-4장이며, 첫 번째 부분이 주로 바울의 행적을 바탕으로 하였다면 두 번째 부분에서는 '성경적인 예'로 이신칭의의 교리를 잘 정리합니다. 비록 갈라디아서는 변증적인 성격이 있고 격앙된 표현이 있다고 할지라도 그 구체적인 내용은 매우 논리적으로 이루어졌습니다. 갈라디아 사람들에 대한 책망으로부터 시작하여 논리적으로 아브라함을 통한 이신득의, 율법과 약속을 통한 이신득의, 유대인에게 있어 믿음 이후의 변화, 갈라디아 사람들에 대한 염려와 칭찬과 권면, 마지막으로 하갈과 사라를 통한 교훈으로 이루어졌습니다.

마지막 세 번째 부분은 5장1-6장10절로, 이번에는 '이신칭의 적용'으로 믿음 이후의 삶에 관하여 전합니다. 흔히 갈라디아서는 자유의 대헌장이라 합니다. 율법의 종노릇하였던 유대인이나 하나님 없이 하나님 아닌 자들에게 종노릇하였던 이방인에게나 복음은 자유를 선포합니다. 그러나 그 자유는 사랑으로 종노릇 할 것을 요구합니다. 믿음의 삶은 자유자의 삶, 성령으로 말미암는 삶, 사랑과 용서의 삶, 나눔과 심음의 삶으로 이신칭의를 바탕으로 이루어진 성도의 새로운 삶입니다.

오늘날 갈라디아서는 복음에 희미해진 교회에 책망의 목소리를 전합니다. 사도가 자신의 생명과 같이 여겼던 구원에 관한 복음을 오늘날 교회가 무관심할 수 없는 것입니다. 그뿐만 아니라 갈라디아서는 다른 복음을 전하는 복음에 대한 왜곡에 관하여 강력하게 경고합니다.

갈라디아서는 십자가의 메시지로 마무리합니다. 십자가는 우리로 하여금 믿음으로 말미암은 의를 주었으나 또한 기억하여야 할 것은 참된 십자가는 그리스도로 말미암아 세상이 나를 대하여 십자가에 못 박히고 내가 세상에 대하여 못 박히는 것입니다(갈 6:14).

"내가 그리스도와 함께 십자가에 못 박혔나니 그런즉 이제는 내가 사는 것이 아니요 오직 내 안에 그리스도께서 사시는 것이라 이제 내가 육체 가운데 사는 것은 나를 사랑하사 나를 위하여 자기 자신을 버리신 하나님의 아들을 믿는 믿음 안에서 사는 것이라"(갈 2:20)

"그러나 내게는 우리 주 예수 그리스도의 십자가 외에 결코 자랑할 것이 없으니 그리스도로 말미암아 세상이 나를 대하여 십자가에 못 박히고 내가 또한 세상을 대하여 그러하니라"(갈 6:14)

차 례

제1부 **서론: 인사와 상황(1장1~10절)**

제 1 과　바울의 사도직의 기원(1장1-5절) ······························· 13
제 2 과　다른 복음은 없나니(1장6-10절) ······························· 23

제2부 **본론 1: 바울의 행적을 통한 이신득의(1장11절~2장)**

제 3 과　복음의 기원(1장11-17절) ······························· 33
제 4 과　바울의 첫 번째 예루살렘 방문(1장18-24절) ··············· 41
제 5 과　바울의 두 번째 예루살렘 방문(2장1-10절) ··············· 50
제 6 과　베드로 책망 사건(2장11-14절) ······························· 63
제 7 과　의롭게 되는 것(2장15-21절) ······························· 72

제3부 **본론 2: 성경을 통한 이신득의(1장3절~4장)**

제 8 과　어리석도다 갈라디아 사람들아(3장1-5절) ················· 83
제 9 과　아브라함의 믿음과 의(3장6-14절) ······················· 91
제 10 과　약속과 율법(3장15-20절) ······························· 98
제 11 과　유대인에게 율법과 믿음(3장21-4장7절) ················· 106
제 12 과　어찌하여 종 노릇 하려 하느냐(4장8-11절) ··············· 116
제 13 과　나와 같이 되기를 원하노라(4장12-20절) ················· 121
제 14 과　하갈과 사라(4장21-31절) ······························· 129

제4부 본론 3: 이신득위의 적용(5장~6장10절)

제 15 과   자유를 위한 부르심(5장1-15절) · 137
제 16 과   육체의 일(5장16-21절) · 148
제 17 과   성령의 열매 1(5장22-26절) · 158
제 18 과   성령의 열매 2(5장22-26절) · 164
제 19 과   성령의 열매 3(5장22-26절) · 176
제 20 과   성령의 열매 4(5장22-26절) · 184
제 21 과   사랑과 용서의 삶(6장1-5절)   · · · · · · · · · · · · · · · · · · · 191
제 22 과   심음의 삶(6장6-10절) · 197

제5부 결론: 끝인사(6장11~18절)

제 23 과   세 가지 십자가(6장11-18절) · 205

참고문헌 · 213

갈라디아서의 구조

서론		본론: 이신득의									
인사	상황	바울의 행적을 통한 이신득의				성경을 통한 이신득의					
사도의 기원과 문안	다른 복음에 대한 저주	복음의 기원과 바울의 회심	바울의 첫 번째 예루살렘 방문	바울의 두 번째 예루살렘 방문	게바 책망 사건	어리석도다 갈라디아 사람들아	아브라함과 이신득의	율법과 약속	후견인과 청지기로서의 율법	바울의 염려	하갈과 사라
1장				2장		3장			4장		

	결론
이신득의의 적용	끝인사

자유자의 삶	성령으로 말미암는 삶	사랑과 용서의 삶	심음의 삶	주 예수 그리스도의 십자가
5장		6장		

갈라디아서

제1부

서론: 인사와 상황

(1장1-10절)

PART

01

바울의 사도직의 기원
1장1~5절

Key Point

바울은 먼저 자신의 사도직에 대한 기원으로부터 시작합니다. 이는 단순한 자기변호가 아닌 근본적으로 바울이 전한 복음에 대한 변호를 위한 것입니다. 우리는 이 과에서 바울의 사도직의 기원과 더불어 복음에 관하여 듣게 됩니다.

"사람들에게서 난 것도 아니요

사람으로 말미암은 것도 아니요

오직 예수 그리스도와

그를 죽은 자 가운데서 살리신 하나님 아버지로 말미암아 사도 된 바울은

함께 있는 모든 형제와 더불어 갈라디아 여러 교회들에게

우리 하나님 아버지와 주 예수 그리스도로부터

은혜와 평강이 있기를 원하노라

그리스도께서 하나님 곧 우리 아버지의 뜻을 따라

이 악한 세대에서 우리를 건지시려고

우리 죄를 대속하기 위하여 자기 몸을 주셨으니

영광이 그에게 세세토록 있을지어다 아멘"(갈 1:1-5)

바울에게 갈라디아 교회는 특별한 의미를 가집니다. 왜냐하면 그들은 첫 번째 전도여행의 열매이기 때문입니다. 바울은 그들에게 복음을 전할 때에 비록 돌에 맞아 죽을 뻔한 위기도 있었지만 다시 그 성들을 돌아가며 그들의 믿음을 굳게 하였고, 자신의 수고와 열매가 헛되지 않게 하였습니다. 그러나 이제 갈라디아 교회가 맞은 위험은 어떠한 외적인 핍박과 박해가 아닌 다른 복음으로 말미암은 것입니다. 이러한 다른 복음은 어떠한 핍박과 박해보다도 더 위험한 것입니다. 비록 짧은 서신이

지만 바울은 이 갈라디아서를 통해서 다른 복음에 맞서 복음을 강력하게 선포합니다.

　갈라디아서 1장1-10절은 갈라디아서의 서론에 해당합니다. 바울은 강력하게 자신의 사도권을 주장하며 간략하지만 분명하게 복음을 서술합니다. 다른 서신과 너무나 다른 문안입니다. 축복이 아닌 저주가 담겨 있기까지 합니다. 처음부터 충격적으로 시작합니다.

　갈라디아서 1장1-5절은 문안입니다. 바울은 먼저 자신의 사도직에 관하여 강력하게 선언합니다. 이는 다른 복음에 맞서서 먼저 자신의 직분을 바로 세움으로 자신이 전하는 복음을 지키기 위함입니다.

■ 갈라디아서 1장의 구조적 이해
　갈 1:1-2: 사도직의 기원
　갈 1:3: 갈라디아 교회를 향한 문안
　갈 1:4-5: 복음의 요약
　갈 1:6-10: 다른 복음에 대한 저주
　갈 1:11-12: 복음의 기원
　갈 1:13-17: 바울의 회심(택정과 부르심과 행적)
　갈 1:18-24: 바울의 첫 번째 예루살렘 방문

1) '사람들에게서 난 것도 아니요'란 무슨 의미입니까? -근원과 출발

　바울은 자신의 사도권을 강력히 주장합니다. 이는 자신을 위한 것이 아닌 자신이 전하는 복음을 위한 것입니다. 일반적인 다른 서신에서 바울이 자신의 사도 됨을 간략하게 또는 평이하게 전함에 반해 갈라디아서는 강력하게 변호하며 선언합니다.

　먼저 바울의 사도 됨의 근거는 사람들에게서 난 것이 아닙니다. 이 세상의 모든 가치와 사상은 그것이 아무리 아름답다고 할지라도 사람에게서 난 것이라는 제한성을 가집니다. 그것은 상대성을 가지며 가변적이고 시간과 공간의 제한성을 가집니다. 그것은 임의에 의한 것이며 잠시 후면 사라질 안개에 불가합니다. 그러나 바울은 사람의 인정하에 사도가 된 것이 아닙니다. 사실 사람들이 그의 사도 됨에 관하여 아무리 논한다 할지라도 별 의미가 없습니다. 왜냐하면 바울의 사도 됨은 사람들에게서 난 것이 아니기 때문입니다. 이는 바울의 사도직의 근원과 출발을 논하는 것입니다.

2) '사람으로 말미암은 것도 아니요'란 무슨 의미입니까? -과정

　바울의 사도 됨은 사람들에 의해 종속되는 것이 아닙니다. 그 근거의 출발이 사람이 아니다 할지라도 그 과정 속에서 사람으로 말미암을 때 그에 따른 종속됨을 피하기 힘들게 됩니다. 사도는 직접적인 주님의 세우심에 근거한 사람입니다. 그러므로 사도란 사람으로 말미암을 수 없는 것입니다. 이제 바울은 자신의 사도 됨의 근거가 사람으로 말미암은 것이 아님을 선포함으로써 자신의 사도권의 문제가 사람들에 의해 좌지우지되는 모든 시도를 거부하고 있는 것입니다.

3) 바울의 사도직의 기원을 살펴봅시다.

　바울은 자신의 사도 됨의 근거를 예수 그리스도와 그분을 죽은 자 가운데서 살리신 하나님으로 말미암았다고 명시합니다. 바울은 하나님에 관하여 예수 그리스도를 죽은 자 가운데서 살리신 자로 소개하면서 이후에 나올 복음에 대한 이해를 돕고 있으며 아울러 그리스도와 하나님에 대한 언급으로 자신의 사도권이 신적 근거와 권위를 가진다고 밝히고 있습니다.

4) 바울이 자신의 사도직에 관하여 이처럼 민감했던 이유는 무엇입니까?

　그것은 자신의 명예와 위치를 위한 것이 아니라 자신이 전하는 복음이 자신의 사도적 권위의 불투명성으로 손상받지 않기 위함입니다.

2. 갈라디아서의 수신자를 통한 교훈은 무엇입니까?(2절)

　이제 바울은 수신인에 대하여 밝힙니다. 바울은 복음 안에서 맺어진 모든 형제들과 더불어 갈라디아에 있는 여러 교회에 편지합니다. 이는 수신인에 대한 짧은 언급으로 바울과 갈라디아 교회 사이에 있는 긴장감을 엿볼 수 있는 구절입니다. 특별히 바울이 함께 있는 모든 형제들을 언급함으로 말미암아 갈라디아 여러 교회들이 이 거룩한 공동체와 마땅히 함께 하여야 함을 가르치는 것입니다. 바울과 함께 있는 모든 형제들 속으로 갈라디아 교회가 속할 것인가 그렇지 않은가의 결단을 촉구하는 말씀입니다.

3. 갈라디아 교회를 향한 문안을 살펴봅시다(3절).

교회를 향한 바울의 문안입니다. 앞선 격앙된 표현 다음에 전하는 문안이라 다른 어떤 인사말보다도 더욱 깊은 바울의 심정이 담겼습니다. 분쟁이 있고 다툼이 있으며 복음의 진리가 손상되어 가는 그 땅에 주의 은혜와 평강이 있기를 원하는 것입니다. 이는 그 어떠한 축원보다도 간절함이 있는 것입니다.

4. 복음의 요약적인 말씀을 살펴봅시다(4-5절).

4-5절은 복음의 요약적 말씀입니다. 곧 복음에 대한 소개가 간략하게 설명된 말씀입니다. 복음의 주체는 그리스도이시며 복음의 출발은 하나님의 뜻으로 근거됩니다. 복음의 상황은 악한 세대에 있는 우리들이며 복음의 목적은 우리를 이 악한 세대에서 건지시려는 것이며 복음의 과정은 예수 그리스도의 자기 몸을 주심, 즉 죽음으로 이루어졌으며 마지막으로 복음의 결실은 하나님의 영광에 있습니다.

1) 복음의 주체

복음의 주체는 그리스도이십니다. 그리스도가 없는 복음은 아무리 선하다 할지라도 복음이라 할 수 없습니다. 우리들의 삶에 그리스도 없이 살아간다면 우리들의 삶이 아무리 평안할지라도 그 안에는 복음이 없는 것입니다. 복음의 주체는 그리스도로서 그분의 오심과 죽으심과 부활로 말미암은 것입니다. 우리는 이 복음을 주님의 선재와 성육신, 고난, 죽음, 부활, 승천, 재림의 메시지에서 찾을 수 있습니다.

아무리 은혜 생활을 한다고 할지라도 예수 그리스도와 단절된 생활은 사단적임을 알아야 합니다. 마치 사단이 하와를 유혹하여 하나님의 말씀에서 떠나게 하였듯이 오늘날도 은혜와 신령한 것들이 오히려 유혹이 되어 그리스도를 떠나게 함을 알 때에 우리는 이를 통해서 소름 끼치기까지 함을 알아야 합니다. 모든 믿음의 삶은 말씀을 말미암은 삶이 되어야 하며 이는 철저하게 예수 그리스도의 죽음과 부활에 근거하여 주로 말미암은 삶이 되어야 합니다.

2) 복음의 근거(출발)

복음의 주체가 되시는 그리스도께서는 이 땅에 복음을 행할 때 하나님의 뜻으로 말미암아 그 모든 일을 행하셨습니다. 즉 복음의 근거는 하나님의 뜻에 의한 것입니다. 더불어 이와 같은 복음의 근거는 복음의 일이 인간의 요구와 열심과 행위와 바람으로 되는 것이 아니라 절대적인 하나님의 주권 가운데 행해짐을 알아야 하겠습니다.

본 구절에서 우리는 하나님의 뜻이 무엇인가를 자세히 살핍니다. 주님께서 기도하셨던 '하늘에서 뜻이 이루어진 것과 같이 땅에서도 이루어지이다'라고 하셨던 그 뜻이 바로 인생의 구원에 있는 것입니다. 우리는 이 밝혀진 하나님의 뜻을 알아 더욱더 영혼의 구원을 위하여 힘써야 할 것입니다.

3) 복음의 상황

복음의 씨앗이 떨어진 이 세대의 상황은 악한 세대라 하였습니다. 인생은 악한 세대에서 고통 중에 있으며 비참함 중에 있습니다. 그리스도의 복음은 너무도 귀합니다. 왜냐하면 인생의 처지가 너무도 비참하기 때문입니다. 복음을 받아들이지 아니하고 복음을 멸시하는 자는 인생의 처지에 관하여 무지한 자이며 쓸데없는 오만과 자만, 안일한 자입니다.

4) 복음의 목적

복음의 목적은 우리를 구원하심입니다. 우리를 이 악한 세대에서 건지시는 것입니다. 그리고 우리는 이를 은혜라고 말합니다. 복음은 그 누구를 위한 것이 아니라 우리 자신을 위한 하나님의 귀한 선물입니다. 이제 복음을 멸시하는 자들은 하나님의 은혜를 멸시하기 전에 자신의 살 길을, 자신의 소망을 버리는 것이 되는 것입니다.

5) 복음의 과정

복음의 과정은 그리스도의 오심과 죽으심과 부활로 이어집니다. 과정이 없는 결과는 없습니다. 우리는 우리에게 주어진 복된 이 복음이 어떻게 이루어졌는가를 알아야 하며 또한 고백함이 있어야 합니다. 곧 복음의 과정은 그리스도께서 우리 죄를 대속하기 위하여 자기 몸을 주신 것입니다.

6) 복음의 결실

복음의 결실은 하나님께 영광을 돌림에 있습니다. 우리가 복음을 전함으로 말미암아 인생이 구원을 받지만 이러한 인생의 구원은 최종적으로 하나님께 영광을 돌리므로 그 이름을 높임에 있습니다. 이는 참으로 모든 인생의 궁극적인 목적이 되는 것입니다.

묵상

01 바울이 자신의 사도직을 변호함이 주는 교훈은 무엇입니까?

02 바울의 갈라디아 교회에 대한 마음에 관하여 나누어봅시다.

03 복음에 관하여 나누어봅시다.

되새김

바울은 이 서신을 보냄에 있어서 조금은 거칠게 말씀을 시작하고 있습니다. 이는 바울의 표현에 문제가 있다 보다는 갈라디아 교회의 문제가 얼마나 시급한 것인가를 잘 알려주는 말씀입니다. 곧 갈라디아 교회의 문제가 얼마나 중대한 문제인가를 보여주는 것입니다. 우리는 이 바울의 격앙된 표현으로부터 갈라디아 교회의 문제를 결코 사사로이 대할 수 없는 것입니다. 이는 바로 복음에 대한 이해의 문제가 되는 것입니다.

PART

02

다른 복음은 없나니
1장6~10절

Key Point

바울은 자신의 사도권을 지킴으로 간접적으로 복음을 수호하며 지키려 했습니다. 그러나 복음에 대한 왜곡과 거짓 가르침에 대하여 직접적인 저주를 선언합니다.

"그리스도의 은혜로 너희를 부르신 이를 이같이 속히 떠나 다른 복음을 따르는 것을 내가 이상하게 여기노라 다른 복음은 없나니 다만 어떤 사람들이 너희를 교란하여 그리스도의 복음을 변하게 하려 함이라 그러나 우리나 혹은 하늘로부터 온 천사라도 우리가 너희에게 전한 복음 외에 다른 복음을 전하면 저주를 받을지어다 우리가 전에 말하였거니와 내가 지금 다시 말하노니 만일 누구든지 너희가 받은 것 외에 다른 복음을 전하면 저주를 받을지어다 이제 내가 사람들에게 좋게 하랴 하나님께 좋게 하랴 사람들에게 기쁨을 구하랴 내가 지금까지 사람들의 기쁨을 구하였다면 그리스도의 종이 아니니라"(갈 1:6-10)

갈라디아서 1장1-10절의 말씀은 갈라디아서의 서론에 해당합니다. 1-5절의 말씀은 문안에 해당되며, 6-10절의 말씀은 전체 갈라디아서의 배경 및 상황을 알게 하시는 말씀입니다.

이전 과에서 바울은 자신의 사도직을 변호하며 또한 복음을 선포하였습니다. 이제 이번 과를 통해서는 바울이 왜 이토록 강력하게 자신을 변호하며 복음을 선포하였는가를 밝힙니다. 다른 복음 때문입니다. 바울은 다른 복음에 맞섭니다. 다른 복음은 없습니다. 다른 복음은 복음을 왜곡시킵니다. 다른 복음 가운데는 저주가 있습니다.

1. 은혜를 '그리스도의 은혜'라고 말한 이유는 무엇입니까?(6절)

① 구원은 이 땅의 누구도 행할 수 없는 것이기에 은혜가 은혜된 이유입니다.

만일 주님이 행하시지 않으셔도 누군가에 의해서 행할 수 있었다면 그 은혜는 은혜가 아닐 것입니다. 그러나 우리의 구원은 오직 예수 그리스도에 의해서만 가능한 것이기에 우리는 이 은혜가 은혜됨을 고백합니다. 복음의 주체는 예수 그리스도이심을 우리는 고백합니다.

"다른 이로서는 구원을 얻을 수 없나니 천하 인간에 구원을 얻을 만한 다른 이름을 우리에게 주신 일이 없음이니라"(행 4:12)

"내가 곧 길이요 진리요 생명이니 나로 말미암지 않고는 아버지께로 올 자가 없느니라"(요 14:6)

② 구원은 우리가 연약할 때에, 죄인 되었을 때에, 원수 되었을 때에 이루어진 것이기에 우리는 이 은혜가 은혜임을 알아야 합니다.

"우리가 아직 연약할 때에 기약대로 그리스도께서 경건하지 않은 자를 위하여 죽으셨도다"(롬 5:6)

"우리가 아직 죄인 되었을 때에 그리스도께서 우리를 위하여 죽으심으로 하나님께서 우리에 대한 자기의 사랑을 확증하셨느니라"(롬 5:8)

"곧 우리가 원수 되었을 때에 그의 아들의 죽으심으로 말미암아 하나님과 화목하게 되었은즉 화목하게 된 자로서는 더욱 그의 살아나심으로 말미암아 구원을 받을 것이니라"(롬 5:10)

③ 구원은 흠도 점도 없는 거룩하신 주님의 죽으심으로 말미암은 것이기에 그 은혜가 은혜되는 것입니다.

가장 고귀한 몸을 마치 가장 가치 없는 것과 같이 내어주셨습니다. 주의 희생은 결코 작은 희생과 수고로움이 아닌 것입니다. 그는 가장 고귀한 분으로서 가장 보잘것없는 자들을 위하여 가장 큰 고통을 받으시고 죽으셨습니다.

"오직 흠 없고 점 없는 어린 양 같은 그리스도의 보배로운 피로 된 것이니라"(벧전 1:19)

④ 구원은 값없이 주어진 것이기에 이는 은혜가 되는 것입니다. 그러므로 구원은 은혜이며 선물입니다.

"너희는 그 은혜에 의하여 믿음으로 말미암아 구원을 받았으니 이것은 너희에게서 난 것이 아니요 하나님의 선물이라"(엡 2:8)

이와 같은 복음이 주어졌으나 사람들은 그리스도의 은혜를 저버리고 다른 복음을 좇는 것은 무슨 연유입니까? 복음에 대한 바른 견해는 '은혜'라는 말입니다. 물론 값없이 주어진 은혜라 경히 여길 수 있을는지 모르지만 이 복음의 은혜가 그 어떤 것으로도 감당할 수 없는 값을 치렀다는 사실과 인생이 궁핍했던, 소망 없던 상황을 생각한다면 감히 복음을 경시 여길 수는 없을 것입니다.

그러나 갈라디아 교인들은 그리스도로 말미암은 그 은혜를 저버리고 그들을 부르신(구속적인 의미가 담긴 말임) 이를 그렇게 속히 떠났습니다. 바울은 이러한 현상들에 대해 이상히 여긴다는 말 이상으로 더 할 말이 없을 것입니다. 우리는 단지 그 은혜를 저버리는 것이 아닙니다. 하나님의 은혜가 은혜가 아닐 경우에는 곧 그를 떠나는 것이 되는 것입니다. 은혜를 은혜로 여기지 않는 것이 곧 그리스도의 은혜로 부르신 이를 떠남과 같이 연결되어 있는 것입니다. 그리스도와 우리는 오직 은혜로 연결되어 있음을 깨달아야 합니다. 곧 그 은혜를 끊어버리는 순간 은혜를 끊은 것이 아닌 주님과의 관계가 끊어짐을 의미합니다.

3. 다른 복음에 관한 경고의 말씀을 살펴봅시다(7-9절).
① 받는 이 ② 복음 ③ 전하는 이

받는 이	그리스도의 은혜로 너희를 부르신 이를 이같이 속히 떠나 다른 복음을 따르는 것을 내가 이상하게 여기노라
복음	그리스도의 복음을 변하게 하려 함이라
전하는 이	그러나 우리나 혹은 하늘로부터 온 천사라도 우리가 너희에게 전한 복음 외에 다른 복음을 전하면 저주를 받을지어다 우리가 전에 말하였거니와 내가 지금 다시 말하노니 만일 누구든지 너희가 받은 것 외에 다른 복음을 전하면 저주를 받을지어다

즉 다른 복음은 받는 이를 하여금 그리스도의 은혜로 부르신 이를 속히 떠나는 이상하고도 무서운 영향력을 가지며, 그리스도의 복음을 왜곡시키며, 다른 복음을 전하는 자에게는 이 말씀을 전하는 바울이나 그 일행이나 혹 하늘로부터 온 천사에게라도 저주를 받게 됩니다.

4. 바울이 이토록 복음을 수호하고자 하였던 이유는 무엇입니까?(10절)

그럼 무엇 때문에 바울은 복음에 대하여 이토록 민감하게 반응하는 것입니까? 그것은 자신의 사도권을 지킴으로 자신을 기쁘게 하려 함이 아닙니다. 사람들을 저주하면서까지 소란을 떠는 것은 그리스도의 종으로서 하나님의 기쁨을 구하는 자로서 주를 향한 열심인 것입니다. 다른 복음을 전하는 이유는 무엇입니까? 그것은 하나님을 기쁘시게 하는 것이 아니라 인생을, 사람을 기쁘게 하기 때문입니다. 그러나 이제 사람의 기쁨을 구하는 자는 그리스도의 종이 아닐뿐더러 그리스도의 사람이 아닙니다.

바른 복음을 선포하는 것은 하나님께 영광이 됩니다.
바른 복음을 선포하는 것은 하나님의 은혜의 선포입니다.
바른 복음을 선포하는 것은 하나님의 기쁨이 됩니다.

사람에게 좋게 하는 것은 결국 그 사람을 망하게 하는 것으로 참된 좋음이 되지 못하며, 이는 하나님께서 기뻐하시는 바가 아닙니다. 그러므로 우리는 바른 복음을 선포하여야 합니다. 하나님께 영광의 열매가 되며, 은혜가 선포되며, 하나님의 기쁨이 되는 바른 복음을 전하여야 합니다.

성경은 말씀에 더하는 자와 제하는 자에게 임하는 저주에 관하여 말씀하십니다.

"내가 이 두루마리의 예언의 말씀을 듣는 모든 사람에게 증언하노니 만일 누구든지 이것들 외에 더하면 하나님이 이 두루마리에 기록된 재앙들을 그에게 더하실 것이요"(계 22:18)

"만일 누구든지 이 두루마리의 예언의 말씀에서 제하여 버리면 하나님이 이 두루마리에 기록된 생명나무와 및 거룩한 성에 참여함을 제하여 버리시리라"(계 22:19)

묵 상

01 다른 복음의 영향력에 관하여 나누어봅시다.

02 이 시대의 다른 복음을 전하는 자들에 관하여 나누어봅시다.

03 하나님께서 기뻐하시는 종은 어떠한 종입니까?

되새김

다른 복음은 듣는 자로 하여금 복음을 속히 떠나게 하며, 복음을 왜곡시키며 다른 복음을 전하는 자로 저주케 합니다. 다른 복음은 모든 사람에게 무익합니다. 다른 복음은 하나님을 기쁘시게 할 수 없습니다.

갈라디아서

제2부

본론 1: 바울의 행적을 통한 이신득의

(1장11절-2장)

PART

03

복음의 기원
1장11~17절

Key Point

이제 바울은 자신의 사도됨의 기원이 아닌 자신이 전하는 복음의 기원에 관하여 전합니다. 바울이 사도됨의 기원이 사람들에게서 난 것도 아니요 사람으로 말미암은 것도 아님을 강조하였던 것은 자신의 사도권을 위한 것이 아니라 궁극적으로 바울이 전하는 복음을 위한 것입니다. 그러므로 사도됨의 기원에 대한 말씀과 복음의 기원에 대한 말씀은 깊은 연관이 있는 하나된 것임을 알 수 있습니다.

'사도의 기원과 복음의 선포', '다른 복음에 대한 저주'에 이어 이번 과는 '복음의 기원'을 전합니다. 1장1-11절의 서론의 말씀을 마치고 1장11절-5장10절의 말씀은 본론에 해당합니다. 본론의 첫 번째 큰 단락인 1장11절-2장까지의 말씀은 '바울의 행적'을 바탕으로 복음의 신적 기원과 이신득의의 가르침을 줍니다. 사도행전 9장의 말씀처럼 극적 체험에 대한 자세한 설명은 없으나 바울은 그 의미에 관하여 전하며 자신의 회심과 2번의 걸친 다메섹 여정에 관하여 전합니다.

1. 바울이 전한 복음의 기원을 살펴봅시다(11절)

복음은 그 출발과 근거부터 철저하게 사람과 별개의 것으로서 시작합니다. 복음은 하나님의 작품이지 결단코 사람의 상상력으로 만들어지지 않았으며 사람에 의해 손상될 수도 없는 것입니다. '복음은 사람의 뜻을 따라 된 것이 아니니라'는 말씀은 복음에 대한 요약인 4절과 대칭적 설명이 되고 있습니다. 곧 복음은 '사람의 뜻'을 따라 된 것이 아니라(11절) '하나님의 뜻'을 따라(4절) 된 것이라는 사실입니다.

2. '사람에게서 받은 것도 아니요 배운 것도 아니요'는 무슨 의미입니까?(12절)

12절의 말씀은 복음에 대한 앎과 접근에 중요한 원리를 가르칩니다. 이러한 원리에 본을 보이는 인물이 바울입니다. 바울은 복음에 대하여 사람에게서 받은 것도 아니요 사람에게서 배운 것도 아니다라고 말합니다. 이 원칙은 우리의 신앙에 있어 대단히 중요한 말씀이 아닐 수 없습니다.

복음은 사람에게서 받는 것이 아닙니다. 아무리 인생과의 관계에서 안수와 위탁이 있다 할지라도 복음은 사람으로 출발하지 않습니다. 누구도 복음을 자신의 것인 양 소유하고 교만에 빠질 수 없습니다. 이러한 오류를 피하기 위하여 주님은 친히 세례를 베푸시지 않으셨고 또한 바울도 고린도 교회에서 보이는 바와 같이 극히 일부분의 사람들에게만 세례를 베풀었습니다. 우리는 모두 하나님의 기쁨을 구하는 그리스도의 종일뿐입니다.

또한 복음은 사람에게서 배우는 것이 아닙니다. 이에 대한 잘못된 이해가 없어야 합니다. 여기서 말하고자 하는 것은 복음은 결코 계시적인 관계가 설정되지 않은 채 인간적 관계와 가르침 속에서 주어질 수 없음을 알아야 합니다. 배움과 앎과 지식이 인생을 구원으로 이끄는 것이 아닙니다. 오직 그리스도의 계시로서만이 인생을 구원으로 이끄시는 것입니다.

바울은 자신의 사도됨이 사람으로 말미암은 것이 아니요(1절)라고 하였으며 이제 복음에 관하여 '이는 내가 사람에게서 받은 것도 아니요 배운 것도 아니요'(12절)라고 말씀하시는 것입니다. 곧 복음은 사람의 과정 속에 종속되는 것이 아닌 것입니다.

3. 복음이 사람에게서 받은 것도 아니요 배운 것도 아님을 바울이 유대교에 있을 때를 통하여 살펴봅시다(13-14절).

　우리들에게 주시는 이 선물인 복음이 사람에게서 난 것이 아님을 아시게 하시기 위하여, 하나님께서는 가장 복음으로부터 멀리 있었던 사람을 선택하셨습니다. 그 사람이 바로 바울입니다. 바울은 핍박자요 잔해자요 구원의 문을 두드리기는커녕 복음으로부터 가장 멀리 있었던 사람이었습니다. 그러나 하나님께서는 그분의 은혜로 말미암아 이 대적자를 순교자로 삼으셨습니다.

4. 하나님의 은혜의 부르심에 관하여 살펴봅시다(15절).

　인간의 열심과 대조를 이루고 복음의 핵심을 이루는 '은혜'가 다시 등장합니다. 바울은 1장6절에서 부르심에 관하여 그리스도의 은혜로 부르심을 받았음을 가르쳤으며, 이제 자신을 향하여서도 그의 은혜로 부르셨음을 고백합니다. 우리는 모두 그리스도의 은혜로 말미암아 부르심을 받은 사람들인 것입니다.

　하나님의 은혜는 사람에게서 받은 바와 배운 바에 의해서 살아가는 바울에게까지 예외는 아니었습니다. 하나님의 은혜의 빛이 저 바울에게까지 비추게 된 것입니다. 하나님께서 바울을 그 어머니의 태로부터 택정하셨다는 말씀은 한 인생으로 바울의 열심이 있기 전에 하나님의 계획과 주권이 있었다는 것을 말해줍니다. 더불어 이 모든 일이 은혜로 말미암아 주께서 은혜로 부르심은 이 모든 일이 철저하게 인생의 열심과 구분되고 있음을 전하며 오직 하나님의 섭리와 주권이 있음을 알려주는 것입니다.

5. 하나님의 기뻐하심을 다시 한 번 살펴봅시다(16절).

이 구절에서 하나님의 기뻐하심이 무엇인지를 보여주십니다. 하나님께서 그 아들을 이방에 전하기 이전에 하나님께서 우리 안에 기뻐하시는 것은 그 아들을 내 속에 나타내시는 것을 기뻐하시는 것입니다. 하나님께서는 내 안에 주님을 나타내셨고 또한 이를 기뻐하십니다. 한 걸음 더 나아가 내 안에 주님을 나타내신 하나님은 무엇을 원하시며 하나님의 기뻐하심은 무엇을 향한 것입니까? 곧 이방에 그 아들을 전하기 위함인 것입니다. 온 세상에 주님을 전하기 위함인 것입니다. 바울은 자신의 삶의 변화의 바탕 위에 어떠한 사람의 의지가 있었음을 거부합니다. 곧 우리 안에 하나님의 의지가 나타난 것입니다.

6. 회심 후 바울을 행적을 연구하여 봅시다.

회심 후 바울의 행적-다메섹과 아라비아 체류(AD 33-36년)

회심 후에 바울은 다메섹에 들어가서 그곳에서 아나니아에 의해 안수를 받았습니다. 누가는 다메섹에서 바울이 바로 복음 사역을 하였다고 증언하는 반면에 갈라디아서(갈 1:16-17)는 바울이 회심 후에 아라비아로 갔다가 다시 다메섹으로 간 것으로 증언하고 있습니다. 더욱이 이러한 증언은 사도행전 9장23-25절의 사건과 고린도후서 11장32-33절 광주리에 의한 다메섹 탈출사건에 의해 겹치고 있음은 바울이 회심 후 다메섹에 들어갔다가 다시 얼마의 기간 동안인지는 알 수 없으나 아라비아에 들어

갔다가 다시 다메섹으로 돌아온 것으로 추정 가능케 합니다. 곧 누가는 바울의 아라비아 행적을 침묵하고 두 번의 다메섹 기간을 연속적으로 전하고 있는 것입니다.

그럼 바울은 왜 아라비아로 갔습니까? 여기에 관해서는 두 가지 견해가 있습니다. 첫째, 갑작스러운 회심으로 말미암아 바울에게는 사색의 기간이 필요하였다는 것입니다. 곧 아라비아에서 바울은 자신의 신학을 재정립하며 하나님과 깊은 묵상의 시간을 보냈다는 것이다. 둘째, 그리스도의 복음을 전파하기 위하여 아라비아로 갔다는 것입니다. 첫째 견해는 합리적인 설명이 될 수 있으나 바울의 재정립의 기간은 그가 눈이 멀었던 사흘의 기간으로 충분하였습니다. 더욱이 갈라디아서 1장16절 이하는 둘째 견해를 지지하며 바울의 아라비아 행적과 복음 전도를 연결하고 있습니다. 만일 아라비아에서 바울이 단순히 홀로 명상하는 기간을 보냈다면 고린도후서 11장32-33절에서 보다 더 자세히 증언하듯이 아라비아가 속한 나바테아 왕국의 아레다 왕의 고관이 바울을 적대하는 행동을 취하였겠는가 하는 것입니다. 따라서 갈라디아서와 고린도후서의 증언에 의해 바울은 아라비아에서 복음을 전하였던 것으로 볼 수 있을 것입니다.

다음으로 바울의 아라비아 방문의 시기를 사도행전의 본문 중에 어느 곳에 연대기적으로 삽입할 수 있겠는가의 문제를 살펴보아야 합니다. 여기에 관해서도 많은 이견들이 존재합니다. 대략 9장19절 다음에 삽입하는 견해와(라이트푸트) 22절 다음에 위치시키는 견해(메이어)로 나눕니다. 첫 번째 견해는 바울의 회심 후 바로 아라비아로 갔다는 것이며 두 번째 견해는 바울은 다메섹에서 1차적으로 성공적으로 복음을 전하였으며 이후에 아라비아에서 복음을 전하였다가 다시 돌아온 이후에 핍박과 함께 피신하였다는 것이다. 첫 번째 견해는 '내가 곧 혈육과 의논하지 아니하고'라고 하는 바울의 증언에 의한 것입니다(갈 1:16). 그러나 이러한 바울의 진술이 바울의 즉각적인 다메섹 전도를 부인하는 결정적인 증거로 볼 수 없습니다. 곧 바울 친서의 우선권을 인정하더라도 이는 누가의 증언과 상충되게 볼 충분한 증거를 제시하지 못하는 것입니다. 바울은 회심 후에 다메섹에서 일정한 기간 동안 성공적으로 복음을 전하였고(행 9:19-22) 아라비아에서 복음을 전하였다가(갈 1:17) 다시 다메섹으로 돌아온 것입니다(갈 1:17, 행 9:23-25). 이러한 견해는 갈라디아서의 본문과 사도행전의 본문을 대립적인 구도가 아닌 상호 보완적인 시각에서 바라본 결과입니다.

묵상

01 복음의 기원이 사람에게서가 아닌 계시에 의한 것임에 관하여 나누어 봅시다.

02 바울이 유대교에 있었을 때에 관하여 살펴봅시다.

03 바울의 간증의 목적은 무엇입니까?

되새김

복음은 사람의 뜻을 따라 된 것이 아니며 사람에게서 받은 것도 배운 것도 아닌 오직 예수 그리스도의 계시로 말미암은 것입니다. 오늘 우리는 이 복음을 건네 받은 자들입니다. 우리는 이 복음의 기원을 알고 깨달을 뿐만 아니라 이 복음을 지켜 힘써 전하기를 또한 기뻐할 수 있는 자가 되어야 할 것입니다.

PART

04

바울의 첫 번째 예루살렘 방문
1장18~24절

Key Point

바울은 회심 후 자신의 행적을 갈라디아서에서 기록하고 있습니다. 이는 이러한 행적을 통해서 자신의 사도권이 왜 사람들에게서 난 것도, 사람으로 말미암은 것도 아니며 오직 예수 그리스도와 및 죽은 자 가운데서 그리스도를 살리신 하나님 아버지로 말미암았는지 밝히며 또한 그가 전하는 복음이 사람의 뜻을 따라 된 것이 아니며 사람에게서 받은 것도 아니요 배운 것도 아닌 오직 예수 그리스도의 계시로 말미암은 것인지 증거하고 있는 것입니다.

본문 이해

바울의 '사도의 기원'과 '복음의 기원'은 매우 밀접한 관계를 가집니다. 이 모든 것은 사람으로 말미암은 것이 아니며, 모두 복음 자체를 지킵니다. 바울의 행적은 이 기원이 사람으로 말미암지 않음을 논리적으로 변호합니다. 마치 바울은 법정에서 자신의 행적을 밝히며 왜 복음의 기원이 사람으로 말미암은 것이 아닌지를 증언하는 것과 같습니다.

갈라디아서 1장11절-2장에서 바울은 자신의 행적에 관하여 남깁니다. 이전 과에서는 다메섹-아라비아-다메섹의 여정을 전하였다면 이번 과에서는 첫 번째 예루살렘 방문에 관하여 밝힙니다.

바울의 회심 후 예루살렘의 방문은 5번에 걸쳐 이루어집니다. 회심 후 그가 바로 예루살렘으로 가지 아니하고 오직 아라비아로 갔다가 다시 다메섹으로 돌아온 후 첫 번째 예루살렘의 방문은 회심 후 3년 만에 이루어집니다. 3년이라는 시간은 복음을 전할 때에 사람에게 받은 것이 아님을 알게 하는 것이며 더 나아가 첫 번째 예루살렘 방문의 일정과 행적은 이 방문조차 복음이 사람으로 말미암은 것이 아님을 보여줍니다.

1. '그 후'란 언제를 의미합니까?(18절).

'그 후'란 바울이 회심 후 아라비아 생활을 거쳐 다메섹으로 돌아온

42 · 갈라디아서

후가 아닌 '회심 후'로 이 3년의 기간에 바울의 두 번에 걸친 다메섹 사역과 그 중간에 아라비아 사역을 생각할 수 있습니다. 이러한 증거는 사도행전 9장20절과 23절의 두 구절을 통해서 확인됩니다.

> "즉시로 각 회당에서 예수가 하나님의 아들이심을 전파하니"(행 9:20)
> "여러 날이 지나매 유대인들이 사울 죽이기를 공모하더니"(행 9:23)

곧 사도행전은 바울의 아라비아 행적에 관하여 침묵하고 있으며 반대로 갈라디아서는 바울이 두 번째 다메섹 기간에서 다메섹을 떠난 것이 핍박으로 말미암은 것임에 관하여 침묵합니다. 이러한 침묵은 상호 보완을 주며 마치 퍼즐을 맞추듯이 자연스럽게 연결됩니다.

2. 바울의 예루살렘 방문의 목적은 무엇이었습니까?(18절)

바울의 첫 번째 예루살렘의 방문 목적은 게바를 방문하기 위함이었습니다. 이 방문은 예루살렘 사도들로부터 자신의 사도됨을 인증받거나 위임받기 위함이 아니었습니다.

3. 바울이 첫 번째 예루살렘 방문에서 얼마나 체류하였습니까?(18절)

이 방문의 기간은 매우 짧아 단지 2주일 정도의 15일 밖에 되지 않았습니다. 이렇게 구체적인 시간까지 기록함은 자신이 전하는 복음이 결코 사람에게 근거한 것이 아님을 자신의 사도권을 지킴으로 드러내고자 하는 것입니다. 바울이 전하는 복음은 그의 사도권과 매우 긴밀하게 연결되어 있었던 것입니다.

4. 바울이 야고보를 만남을 살펴봅시다(19절).

　바울은 예루살렘에서 베드로와 주의 형제 야고보를 만났을 뿐입니다. 기간의 짧음과 베드로와 야고보를 만났을 뿐이라는 사실은 더욱 바울의 독자적 사도권을 드러내 줍니다. 야고보 또한 바울과 같이 부활 후에 예루살렘 교회의 지도자가 된 사람이었습니다. 하나님께서 바울에게 독특한 역사를 행하신 바와 같이 하나님께서는 먼저 예루살렘 교회의 기둥 같이 쓰임을 받는 야고보를 통해서 이 일을 행하심으로 말미암아 바울의 회심과 그의 사도됨을 이례적이며 독특한 것으로 외면되지 않게 하셨습니다. 이에 관하여 바울은 고린도전서 15장에서 전합니다.

　부활하신 주님께서

"게바에게 보이시고 후에 열두 제자에게와 그 후에 오백여 형제에게 일시에 보이셨나니 그 중에 지금까지 대다수는 살아 있고 어떤 사람은 잠들었으며 그 후에 야고보에게 보이셨으며 그 후에 모든 사도에게와 맨 나중에 만삭되지 못하여 난 자 같은 내게도 보이셨느니라 나는 사도 중에 가장 작은 자라 나는 하나님의 교회를 박해하였으므로 사도라 칭함 받기를 감당하지 못할 자니라 그러나 내가 나 된 것은 하나님의 은혜로 된 것이니 내게 주신 그의 은혜가 헛되지 아니하여 내가 모든 사도보다 더 많이 수고하였으나 내가 한 것이 아니요 오직 나와 함께 하신 하

나님의 은혜로라"(고전 15:5-10)

야고보는 주의 형제로서 주님이 십자가에 죽으시기 전에는 믿음을 갖지 못하였던 사람이었습니다. 그러나 부활의 주님이 그에게 나타나셨고 그는 예루살렘 교회의 기둥같이 쓰임을 받은 자가 되었습니다. 이제 이러한 부활의 주님의 나타나심이 저 바울에게 일어난 것입니다.

5. 20절의 말씀으로 바울의 말의 진실성을 살펴봅시다(20절).

"보라 내가 너희에게 쓰는 것은 하나님 앞에서 거짓말이 아니로다"(20절)

바울의 구차한 강조의 말과 같이 들릴지 모르지만 바울의 이러한 진실함이 오늘날 얼마나 많은 사람들에게 외면되는지 책망하는 것입니다.

6. 바울의 '수리아와 길리기아' 사역에 관하여 연구하여 봅시다(21절).

'수리아-길리기아'는 로마의 연합 행정구역을 이루고 있으며 다소는 길리기아의 수도입니다. 그러므로 사도행전 9장30절은 자연스럽게 바울이 '수리아-길리기아'에 이르렀으며 그곳에 복음을 전하였다는 갈라디아서 1장21-24절과 이어집니다. 바울은 회심 후 다메섹 사역을 하고 아라비아 사역을 3년간 하였으며 다시 다메섹으로 돌아와 사역한 후에 회심 후 3년 만에 예루살렘에 첫 번째 방문을 하였고 이후 11년간 길리기아에 있는 '다소' 및 바나바의 초청으로 '수리아의 안디옥'에서 사역하였던 것입니다. 즉 '수리아와 길리기아'는 안디옥 1년의 사역을 제외한 약 9-10년간의 사역지를 나타내는 것입니다.

이러한 기간의 문제와 더불어 흥미로운 것은 바울의 생애에 있어 '수리아-길리기아' 체류 기간에 있었던 일입니다. 고린도후서 11장23-28절에 나타나는 고난의 일부는 바로 이 기간에 속합니다. 우리는 사도행전에서나 기타 다른 서신서에서 바울이 역사적으로 고린도후서 11장에서 증거하는 고난을 겪게 된 것(매 맞고, 태장을 맞은 일 등)을 확인할 수 없습니다.

"그들이 그리스도의 일꾼이냐 정신 없는 말을 하거니와 나는 더욱 그러하도다 내가 수고를 넘치도록 하고 옥에 갇히기도 더 많이 하고 매도 수없이 맞고 여러 번 죽을 뻔하였으니 유대인들에게 사십에서 하나 감한 매를 다섯 번 맞았으며 세 번 태장으로 맞고 한 번 돌로 맞고 세 번 파선하고 일 주야를 깊은 바다에서 지냈으며 여러 번 여행하면서 강의 위험과 강도의 위험과 동족의 위험과 이방인의 위험과 시내의 위험과 광야의 위험과 바다의 위험과 거짓 형제 중의 위험을 당하고 또 수고하며 애쓰고 여러 번 자지 못하고 주리며 목마르고 여러 번 굶고 춥고 헐벗었노라 이 외의 일은 고사하고 아직도 날마다 내 속에 눌리는 일이 있으니 곧 모든 교회를 위하여 염려하는 것이라"(고후 11:23-28)

바울은 또한 이 기간에 고린도후서 12장2-9절에 나오는 환상의 경험을 하였습니다.

"내가 그리스도 안에 있는 한 사람을 아노니 그는 십사 년 전에 셋째 하늘에 이끌려 간 자라 (그가 몸 안에 있었는지 몸 밖에 있었는지 나는 모르거니와 하나님은 아시느니라) 내가 이런 사람을 아노니 (그가 몸 안에 있었는지 몸 밖에 있었는지 나는 모르거니와 하나님은 아시느니라) 그가 낙원으로 이끌려 가서 말로 표현할 수 없는 말을 들었으니 사람이 가히 이르지 못할 말이로다 내가 이런 사람을 위하여 자랑하겠으나 나를 위하여는 약한 것들 외에 자랑하지 아니하리라 내가 만일 자랑하고자 하여도 어리석은 자가 되지 아니할 것은 내가 참말을 함이라 그러나 누가 나를 보는 바와 내게 듣는 바에 지나치게 생각할까 두려워하여 그만두노라 여러 계시를 받은 것이 지극히 크므로 너무 자만하지 않게 하시려고 내 육체에 가시 곧 사탄의 사자를 주셨으니 이는 나를 쳐서 너무 자만하지 않게 하려 하심이라 이것이 내게서 떠나가게 하기 위하여 내가 세 번 주께 간구하였더니 나에게 이르시기를 내 은혜가 네게 족하도다 이는 내 능력이 약한 데서 온전하여짐이라 하신지라 그러므로 도리어 크게 기뻐함으로 나의 여러 약한 것들에 대하여 자랑하리니 이는 그리스도의 능력이 내게 머물게 하려 함이라"(고후 12:2-9)

고린도후서의 환상의 경험을 다메섹 도상에서의 경험과 동일시할 수는 없습니다. 왜냐하면 바울은 다메섹 도상의 경험은 황홀경의 경험의 여지를 우리에게 전혀 남기지 않기 때문입니다.

바로 이 기간 중 어느 시점에 안디옥에서 바나바는 선교의 동역자로 다소에 있는 바울을 찾아오게 됩니다. 그러므로 '수리아 길리기아' 사역은 바울의 첫 번째 예루살렘 방문 이후 길리기아 수도인 다소 및 그 근방의 사역을 의미하며 이후에 바나바의 청함으로 수리아 안디옥 사역이 이어진 것입니다.

바울은 이러한 그의 오랜 사역을 단지 수리아와 길리기아 사역이라고 나타내고 있으나 그 안에는 이루 말할 수 없는 수고와 연단과 고난이 있었던 것입니다.

7. 그리스도 안에 있는 유대의 교회들이 바울로 말미암아 하나님께 영광을 돌림을 살펴봅시다(22-24절).

때로는 들리는 소문이 더 강력한 법입니다. 얼굴로 알지 못하던 바울에 대한 이야기는 복음 안에서 귀한 은혜의 이야기가 되었을 것입니다. 그는 이미 그리스도의 복음에 대한 전설적인 이야기로서 자리 잡고 있었습니다. 그들에겐 결코 낯설지 않은 인물인 바울의 회심과 그의 복음적 열심은 결단코 사람에 의해서 일어날 수 없는 일이었습니다. 따라서 바울로 말미암아 유대의 그리스도 교회는 하나님께 영광을 돌렸습니다.

묵상

01   바울의 회심이 주는 교훈을 나누어 봅시다.

02   바울의 수리아 길리기아 사역이 주는 교훈은 무엇입니까?

03   바울의 삶과 나의 삶을 비교하여 봅시다.

되새김

바울의 이야기가 이제는 우리의 이야기가 되어야 합니다. 예수의 복음이 우리들의 삶 가운데 어떠한 이야기를 만들어지는지 우리는 각자 고백할 수 있어야 할 것입니다.

PART

05

바울의 두 번째 예루살렘 방문
2장1~10절

Key Point

바울은 계시로 인하여 두 번째 예루살렘을 방문합니다. 이 방문은 계시로 인하여 이루어
졌고, 복음에 대한 일치와 동일한 복음의 사역의 차이를 가지며, 교제와 위탁으로 바울이
전하는 복음의 기원이 사람의 뜻으로 된 것이 아니며 또한 사람에게서 받은 것도 배운 것
도 아님을 나타냅니다.

갈라디아서 1장11절-2장에서 바울은 자신의 행적에 관하여 남깁니다. 1장에서 간접적으로 자신이 회심의 사건에 관하여 전하였고, 직접적으로 회심 후 자신의 여정을 전하였습니다. 다메섹-아라비아-다메섹의 여정과 첫 번째 예루살렘 방문에 관하여 전한 바울은 이번에는 계시로 말미암은 두 번째 예루살렘 방문에 관하여 밝힙니다.

이러한 바울의 행적을 연속적으로 말함은 바울의 예루살렘 방문의 목적이 마치 그의 사도권의 인준과 같이 여겨짐에 대한 변호입니다. 자신의 사도권의 기원이 예루살렘으로부터 말미암을 때에 자신이 사도직은 사람으로 말미암으며, 더 나아가 자신이 전하는 복음이 사람으로 말미암은 것으로 왜곡되기 때문입니다.

■ 갈라디아서 2장의 구조적 이해

　갈 2:1-10: 바울의 두 번째 예루살렘 방문

　갈 2:11-14: 게바의 안디옥 방문과 책망 사건

　갈 2:15-21: 사람이 의롭게 되는 것

1. '14년 후'가 뜻하는 바는 무엇입니까?(1절)

바울은 앞서 그 후 3년에 관하여 전하였습니다. 그가 말하는 '그 후'

51

란 그가 아라비아를 거쳐 다메섹으로 돌아온 후 삼 년이 아닌 그의 회심 후 3년을 의미하는 것이었으며 '십사 년 후' 또한 첫 번째 예루살렘 방문이나 아니면 그 후 3년 이후 수리아와 길리기아 사역 후가 아닌 그의 회심으로부터 그 연수를 계산하고 있는 것입니다. 이와 같은 그의 계산은 역사가 주전과 주후로 구분되듯이 그의 한 인생 또한 예수 그리스도로 말미암은 삶의 이전과 이후를 구분하고 있는 것입니다. 우리의 삶 또한 주님을 만남 이전의 삶과 이후의 삶이 구분되는 것입니다. 우리는 우리의 개인적인 삶에도 이러한 구분이 있음을 분명히 알아야 합니다.

"내가 그리스도와 함께 십자가에 못 박혔나니 그런즉 이제는 내가 사는 것이 아니요 오직 내 안에 그리스도께서 사시는 것이라 이제 내가 육체 가운데 사는 것은 나를 사랑하사 나를 위하여 자기 자신을 버리신 하나님의 아들을 믿는 믿음 안에서 사는 것이라"(갈 2:20)

우리는 이 땅에 산 듯하지만 죽은 자의 삶을 살아가는 사람들을 봅니다. 그 안에는 생명이 없기 때문입니다. 믿는 자 안에만 생명이 있는 것입니다. 이 생명은 영원한 생명인 것입니다.

2. 디도에 관하여 연구하여 봅시다(1절).

이상하게도 디도에 관한 이름은 사도행전에서는 단 한 번도 찾아볼 수 없으나 바울 서신에서는 13회나 찾을 수 있습니다. 디도는 헬라인으로 바울의 두 번째 예루살렘 방문에 동행하여 바울 사역의 산 증인이 되었습니다.

1) 헬라인- 이방인
2) 바울의 두 번째 예루살렘에 방문
3) 바울 사역의 산 증인이 됨-이방인 전도의 열매가 됨

우리는 디도와 같이 복음에 관하여 산 증인이 되어야 합니다. 디도는 예루살렘에 있는 사도들에게 이방인에게 할례를 행하지 아니하고 구원을 받은 사람이 되는 산 증인이었습니다. 디도는 바울 사역의 아름다운 열매였습니다. 우리 한 사람 한 사람이 이처럼 복음의 산 증인이요 또한 복음의 열매 된 자들이 되어야 할 것입니다.

바울은 고린도 교회를 돕는 특수한 임무를 위하여 디도를 여러 차례 고린도에 파송하였습니다. 디도는 바울에게 긍정적인 소식을 갖고 돌아왔고, 다시 바울의 지시를 받아 예루살렘 교회를 위한 구제 헌금을 모금할 목적으로 고린도 교회에 되돌아갔습니다.

4) 고린도 교회에 눈물의 편지를 보냄

"그러나 낙심한 자들을 위로하시는 하나님이 디도가 옴으로 우리를 위로하셨으니 그가 온 것뿐 아니요 오직 그가 너희에게서 받은 그 위로로 위로하고 너희의 사모함과 애통함과 나를 위하여 열심 있는 것을 우

리에게 보고함으로 나를 더욱 기쁘게 하였느니라"(고후 7:6-7)

바울은 고린도전서 이외에 준엄한 편지, 눈물의 편지를 고린도 교회에 디도 편에 보냈습니다. 이 편지는 바울이 고린도 교회에 '가슴 아픈 방문'을 끝내고 돌아온 후 디도 편으로 보낸 것으로 보이며 오늘날 유실된 편지입니다. 이 편지의 준엄함은 오히려 바울의 마음을 상하게 하였고 이에 대한 고린도 교회의 반응에 대하여 바울에 심각하게 기다리고 있었던 것입니다. 그러나 디도 편에 고린도 교회의 반응은 바울에게 위로가 되었습니다. 고린도 교회의 사모함과 애통함과 바울을 향한 열심은 바울을 위로하고 또한 기쁘게 한 것입니다.

"이로 말미암아 우리가 위로를 받았고 우리가 받은 위로 위에 디도의 기쁨으로 우리가 더욱 많이 기뻐함은 그의 마음이 너희 무리로 말미암아 안심함을 얻었음이라 내가 그에게 너희를 위하여 자랑한 것이 있더라도 부끄럽지 아니하니 우리가 너희에게 이른 말이 다 참된 것 같이 디도 앞에서 우리가 자랑한 것도 참되게 되었도다 그가 너희 모든 사람들이 두려움과 떪으로 자기를 영접하여 순종한 것을 생각하고 너희를 향하여 그의 심정이 더욱 깊었으니"(고후 7:13-15)

바울은 디도에게 고린도 교회를 자랑하였습니다. 바울은 디도에게 다른 사람들이 바라보지 못하는 고린도 교회의 사랑과 은혜를 전하였고 이제 이러한 자랑이 헛되지 않음을 통하여 기쁨이 넘치게 된 것입니다.

어떠한 이유인지 모르지만 디도는 고린도를 향할 때에 두려운 마음을 가지고 갔음에도 불구하고 그는 환대를 받았고 이로 인한 그의 마음의 기쁨은 바울을 기쁘게 하였으며 바울의 자랑이 참되고 진실함이 증명되어 모든 것을 인하여 기뻐함과 감사함이 있었던 것입니다.

"그러므로 우리가 디도를 권하여 그가 이미 너희 가운데서 시작하였은즉 이 은혜를 그대로 성취하게 하라 하였노라"(고후 8:6)

이는 디도를 고린도에 보냈던 또 다른 목적인 예루살렘 교회를 구제하기 위한 헌금 모금에 고린도 교인들도 참여케 하는 목적을 성취시키기 위함의 구절입니다.

"너희를 위하여 같은 간절함을 디도의 마음에도 주시는 하나님께 감사하노니 그가 권함을 받고 더욱 간절함으로 자원하여 너희에게 나아갔고"(고후 8:16-17)

바울의 고린도 교회를 향한 마음을 디도 가운데도 부어주심에 관한 감사의 구절입니다. 참으로 이는 귀한 마음입니다. 사역의 지도자들이 같은 마음을 품는 것은 무엇보다도 중요한 일이 되는 것입니다. 특별히 디도는 눈물의 편지를 전달하는 일 이외에도 고린도에서 구제 헌금 사업을 성공적으로 추진하는 일이 맡겨진 것을 생각할 때에 그의 사역에 같은 열정과 마음이 있었다는 것은 여간 감사한 일이 아닌 것입니다. 바울은 더 나아가 디도가 바울과 같은 마음을 가짐과 같이 고린도 교인들이 또한 같은 마음을 품기를 독려하는 것입니다.

"디도로 말하면 나의 동료요 너희를 위한 나의 동역자요 우리 형제들로 말하면 여러 교회의 사자들이요 그리스도의 영광이니라"(고후 8:23)

이로써 디도는 돈에 관하여 청결하였음을 보여줍니다. 교회 재정은 사실 아무에게도 맡기기가 힘이 듭니다. 예수님의 12 제자 중에 가룟 유다가 바로 재정을 맡은 이였다는 사실은 더욱더 우리들을 두렵게 합니다. 그러나 우리가 위로를 얻는 것은 바로 이 디도를 통해서 위로를 얻습니다. 디도는 구제의 재정에 모금과 그 전달에 있어서 깨끗한 사람이었습니다. 만일 우리가 돈에 대하여 청결하고 깨끗하다고 할 수 있다면 더 이상 어떠한 깨끗함을 이야기할 수 있겠습니까?

5) 고린도후서를 보냄(고린도전후서는 다 디도에 의해서 전달된 것으로 보임)

바울은 디도와 두 번째 예루살렘 방문 이외에 그레데에 함께 여행하기도 하는데 후에 그는 그레데에 남겨 두어 그 섬에서 개척한 교회를 섬기게 되었습니다.

"내가 너를 그레데에 남겨 둔 이유는 남은 일을 정리하고 내가 명한

대로 각 성에 장로들을 세우게 하려 함이니"(딛 1:5)

6) 그레데 사역을 함

디도는 목양적인 은사를 가진 사람이었습니다. 바울이 디모데에게 디모데전후서를 통하여 그를 양육하였듯이 이제 우리는 목회서신의 하나인 디도서를 통해서 바울의 디도에 대한 신임을 살펴볼 수 있습니다.

디도에 관한 마지막 언급

"데마는 이 세상을 사랑하여 나를 버리고 데살로니가로 갔고 그레스게는 갈라디아로, 디도는 달마디아로 갔고"(딤후 4:10)

디도가 간 달마디아는 아드리아 연안 동쪽에 있는 일루리곤에 속해 있는 한 지역으로 바울이 이미 개척해 두었던 곳입니다.

"그리하여 내가 예루살렘으로부터 두루 행하여 일루리곤까지 그리스도의 복음을 편만하게 전하였노라"(롬 15:19)

아마도 디도가 '달마디아'로 파송된 것은 그곳에서의 바울의 사역과 연관된 것으로 보입니다.

7) 달마디아 사역을 함

3. 두 번째 예루살렘 방문의 동행자는 누구입니까?(1절)

　바나바와 디도

4. 두 번째 예루살렘 방문의 동기는 무엇입니까?(2절)

　바울의 두 번째 예루살렘 방문이 예루살렘 공의회를 위한 것이 아니라 '계시를 인한' 사도행전 11장27-30절의 사건임을 암시하여 줍니다. 바울은 이 두 번째 예루살렘 방문에서 단지 예루살렘 교회에 부조하였을 뿐만 아니라 바울이 이방 가운데 전파하는 복음을 제출하여 그의 달음질하는 것이나 달음질한 것이 헛되지 않게 하였습니다.

5. 바울이 이방 가운데서 전파하는 복음을 유력한 자들에게 사사로이 제시한 이유는 무엇입니까?(2절)

　바울은 복음을 제출하되 사사로이 제출하였습니다(계시로 인함과 사적인 모임인 것은 이 두 번째 예루살렘 방문의 큰 특징이 됨). 이는 예루살렘 지도자들과 공적인 모임이 아닌 사적인 모임을 가졌음을 의미하며 이로 말미암아 바울이 전한 복음은 공개적인 반대를 받지 않고 예루살렘 지도자들과 의견의 일치를 가지고 올 수 있었습니다. 예루살렘 공의회로 나타나는 사도행전 15장의 제3차 예루살렘 방문은 공개적인 모임임에 반해 갈라디아서 2장의 예루살렘 방문은 계시에 의한 사사로운 모임이었음을 성경은 우리들에게 밝히고 있는 것입니다.

바울은 그가 할 수 있는 한 지혜롭게 일을 행하였습니다. 그의 두려움은 그의 사역에 대한 부끄러움으로 말미암은 것이 아닌 그가 행한 사역이 상처받고 심각한 해를 입을까 염려함이었습니다. 결국 바울의 이러한 행적은 효과적이어서 예루살렘 지도자들과 의견의 일치를 낳았습니다.

6. 바울이 헬라인 디도에게 억지로 할례를 받게 하지 아니한 이유는 무엇입니까?(3-5절)

바울은 헬라인 디도라도 억지로 할례를 받게 않았습니다. 이는 바울이 전하는 복음을 상징적으로 표현한 것이 됩니다. 디도가 할례를 행함과 행하지 아니함은 별 문제가 아니게 보일 수 있습니다. 그러나 이는 자유케 하는 복음의 진리를 우리들에게 보여주는 것입니다.

바울은 대적자들, 유대주의자들을 '거짓 형제'라고 판단합니다. 이들은 거짓 형제이며 또한 다른 복음을 전하는 자들인 것입니다. 저들은 믿음의 사람들을 종으로 만들고자 하는 사람들입니다. 이것은 참으로 갈라디아서의 대주제와 같습니다. 복음은 어떠한 복음입니까? 복음은 자유케 하는 복음입니다.

바울은 헬라인 디도라도 억지로 할례를 받게 아니하였으며 더 나아가 일시라도 복종치 않았습니다. 이는 믿음의 자녀들로 자유케 하는 복음의 진리가 저희들 가운데 항상 있게 하기 위함이었습니다.

우리는 바울이 겪은 특수한 경험을 이해하여야 합니다. 바울은 비도덕적인 사람들과 대립되지 않았습니다. 그가 대립하여야 했던 사람들은 가장 도덕적이고 윤리적인 사람들이었습니다. 그러나 그들의 그러한 도덕과 윤리, 더 나아가 율법은 복음의 정신과 정면으로 대치하고 있는 것이었습니다. 복음이 전하는 구원은 은혜로 말미암은 전적으로 하나님의 선물이나 이들은 그들이 가진 율법으로 구원에 이르게 되는 것입니다.

7. 바울과 유력한 자들과의 관계를 살펴봅시다(6-10절).

바울은 다시 한번 자신의 사도권이 예루살렘 사도들에 의한 것이 아님을 밝힙니다. 유명한 자들은 바울에게 무엇을 준 것이 없습니다. 마치 바울의 사도됨과 그의 권위가 유명한 자들로 말미암은 것으로 생각할 수 있으나 그러나 이는 사실이 아닙니다. 바울은 분명히 말하기를 저 유명한 자들과 바울은 아무 상관이 없다고 전합니다.

그들의 사역은 각자각자이며(7절), 그들을 세우신 이는 한 분이시므로(8절) 바울과 바나바는 기둥같이 여기는 야고보, 게바, 요한과 교제할 수 있었습니다. 바울의 권위와 바울의 사역의 권위는 유명한 자들 중에 더욱 권위 있는 기둥같이 여김 받는 야고보와 베드로와 요한의 언급과 그들과의 교제를 통해 더욱 명확하게 되었습니다.

가난한 자들에 대한 생각은 저들의 사역의 방향에 대한 차이 외에 추

가적인 것으로 바울의 두 번째 예루살렘 방문 자체가 예루살렘 구제를 위한 것이었으며 또한 바울도 본래 힘써 행하였음을 전합니다. 그들은 서로의 사역을 인정하면서 저희 유명한 자들은 바울에게 가난한 자들을 생각하는 것을 부탁하였는데 이는 바울 또한 예전부터 본래 힘써 왔던 것입니다. 이는 이 두 그룹이 아무 다를 바가 없음을 보여준다 하겠습니다.

묵상

01   바울의 디도에 대한 태도가 주는 교훈은 무엇입니까?

02   바울이 사사로이 함이 주는 교훈은 무엇입니까?

03   거짓 형제들의 특징은 무엇입니까?

되새김

복음에는 계시성이 있고(2절: 계시를 따라) 신중하여야 하며(2절: 사사로이 한 것은~헛되지 않게 하려 함이라) 진리를 타협할 수 없으며(3절: 헬라인 디도까지도 억지로 할례를 받게 하지 아니하였으니) 일치성이 있고(7절: 같은 것을 보았고) 사역의 다양성이 존재하며(내가 무할례자에게 복음 전함을 맡은 것이 베드로가 할례자에게 맡음과 같은 것을 보았고) 교제가 가능하며(9절: 친교의 악수) 또한 위탁이 있는 것입니다(10절: 부탁하였으니).

PART

06

베드로 책망 사건
2장11~14절

Key Point

바울은 첫 번째로 자신의 사도됨이 기원에 관하여 독립적이며 또한 신적인 것에 관하여 전하였습니다. 다음으로 바울은 자신의 사도됨이 예루살렘 사도들과 동등함을 전하였습니다. 이제 바울은 한 걸음 더 나아가 복음의 진리에 바로 서지 않았을 때에 베드로를 바울이 책망한 사건을 전함으로 말미암아 바울은 자신의 사도권을 세우기 위한 것이 궁극적인 목표가 아닌 복음의 진리를 바로 고수하고 있는 것입니다. 우리는 바울이 이 사건을 각 교회에 전하지 않았음을 알아야 할 것입니다. 이는 특별한 예로서 바울이 전하는 복음에 관하여 확고히 세우기 위함인 것입니다.

본문 이해

  갈라디아서 1장11-5장10절의 말씀은 본론에 해당하며 본론의 첫 번째 큰 단락인 1장11-2장까지의 말씀은 바울의 행적을 바탕으로 복음의 신적 기원과 이신득의의 가르침을 줍니다. 바울의 회심 사건-다베섹-아라비아-다메섹-첫 번째 예루살렘 방문-두 번째 예루살렘 방문으로 이어지는 계속적인 바울의 여정 가운데 마지막 바울의 행적에 해당되는 사건으로 베드로의 안디옥 방문과 책망 사건에 관하여 전합니다.

  이번 과는 게바 곧 베드로의 안디옥 방문에 관하여 전합니다. 바울의 두 번째 예루살렘 방문 후에 베드로는 안디옥에 도착하여 안디옥 교회로부터 따뜻한 환대를 받았습니다. 이는 바울의 회심 후 14년 예루살렘 두 번째 방문 후에 이루어진 방문입니다. 베드로는 안디옥 교회의 이방인들과 교제하는 데에 아무런 어려움이 없었습니다. 사실 그 자신이 이방인 전도의 문을 연 사람이었습니다. 하나님께서는 그에게 환상 중에 임하셨고 그로 이방인 백부장 고넬료를 만나게 하시고 복음을 전하게 하심으로 말미암아 복음의 문이 이방인에게도 열렸음을 여러 사도들과 예루살렘 교회 안에서 선언하게 하셨습니다. 그러나 아이러니한 것은 바로 이러한 베드로가 외식하게 된 한 사건이 바로 본문 말씀인 것입니다.

1. 베드로의 외식함을 살펴봅시다(11-12절).

예루살렘으로부터 파송된 어떤 이들이 안디옥에 도착하였을 때에 베드로는 이방인들과 함께 먹고 있었습니다. 그는 이방인과의 장벽을 허물고 그 안에서 자유함을 받아들였습니다. 그러나 이제 야고보로부터, 예루살렘으로 온 어떤 이들이 도착하였을 때에 베드로는 할례자들을 두려워하여 떠나 물러가게 되었습니다.

2. 야고보에게서 온 어떤 이들은 누구입니까?(12절)

먼저 우리는 야고보로부터 온 어떤 이들, 이 할례자들의 정체에 관하여 살펴보아야 할 것입니다. 야고보로부터 온 어떤 이들은 야고보가 파송한 사람들이 아니었습니다. 우리는 이에 대하여 바울의 세 번째 예루살렘 방문 때에 예루살렘 공의회의 증언을 소중히 들을 수 있습니다.

"들은즉 우리 가운데서 어떤 사람들이 우리의 지시도 없이 나가서 말로 너희를 괴롭게 하고 마음을 혼란하게 한다 하기로"(행 15:24)

사도행전 15장은 이들에 관하여 보다 더 자세히 전합니다.

"어떤 사람들이 유대로부터 내려와서 형제들을 가르치되 너희가 모세의 법대로 할례를 받지 아니하면 능히 구원을 받지 못하리라 하니"(행 15:1)

바울은 갈라디아서 본문에서 이 어떠한 사람들이 할례자들임을 우리들에게 분명히 전하고 있습니다. 성령께서는 이에 관하여 우리들에게 잘 가르치시는 것입니다.

"야고보에게서 온 어떤 이들이 이르기 전에 게바가 이방인과 함께 먹다가 그들이 오매 그가 할례자들을 두려워하여 떠나 물러가매"(갈 2:12)

바울은 저들의 말을 따라 저들이 야고보에게서 온 어떤 이들이라 말합니다. 이것은 그들의 권위가 될 수 있을 것입니다. 그들이 진실로 야고보로부터 파송되었든지 그렇지 않더라도 그들은 분명히 야고보로 대표되는 예루살렘 교회의 한 부류에 속한 사람들이었습니다.

이들은 엄격한 율법주의적 유대 그리스도인이었고, 예루살렘의 추종자들 중에 이방인들과 교제하는 것에 대해 찬성하지 않았던 자들이었습니다. 바울의 두 번째 예루살렘 방문에 대립됨을 보였던 '거짓 형제들' 내지는 혹 그들과 교류하고 있었던 사람들인 것입니다. 그들은 야고보의 권위와 예루살렘 교회의 권위를 통해서 자신들의 뜻을 이루고자 하였습니다. 그러나 예루살렘 교회는 이들의 편에 서지 않았습니다. 교회에는 이처럼 교회의 권위를 통해서 자신들의 뜻을 세우고자 하는 사람들이 있는 것입니다.

3. 베드로의 외식의 영향력을 살펴봅시다(13절).

베드로의 위치는 매우 중요한 위치입니다. 베드로의 영향력은 거의 절대적이라고까지 할 수 있습니다. 베드로가 이방인들과 교제하다가 그 교제를 멀리하였다는 것은 유대인 그리스도인과 이방인 그리스도인이 실제적인 어떠한 차이가 있음을 간접적으로 보이는 행위인 것입니다. 실제적으로 그가 이와 같은 바르지 못한 행동을 취하였을 때에 그뿐만 아니라 남은 유대인들도 같이 외식하였으며 심지어 바나바 또한 저희의 외식에 유혹되었습니다. 베드로의 잘못된 이 행위가 얼마나 큰 영향력을 가지고 있었는가를 우리는 자세히 살필 수 있어야 할 것입니다.

4. 베드로를 향한 바울의 책망이 공적으로 이루어짐을 살펴봅시다(14절).

분명히 베드로는 외식에 빠졌습니다. 그러나 다른 사람도 아닌 베드로가 외식에 빠져 들어간 이유는 무엇입니까? 무엇보다도 우리는 베드로 자신이 자신의 행동이 적절치 않다는 사실을 그 누구보다도 더 잘 알고 있었습니다. 그로 통해서 이방인에 대한 복음의 문이 열렸으며 그는 직접적인 하나님의 계시와 또한 인도하심을 받았고 고넬료 가정에 성령이 직접 임하심을 목격하였습니다. 그는 이미 예루살렘 교회와 사도 앞에서 이를 선언하였고 지금 안디옥에서 이방인 성도들과도 아름다운 교제를 나누고 있었습니다. 그러나 그가 갑작스럽게 태도를 바꾼 이유는 쉽게 납득하기 어려운 문제입니다.

베드로의 연약함은 우리가 익히 잘 알고 있는 바입니다. 베드로의 이전의 이방인들과의 접촉에는 유대인들이 함께 하고 있지 않았습니다. 고넬료와의 만남에도 이방인 그리스도인들이 주도하였으며 수리아 안디옥 방문에 있어서도 역시 이방인들이 주도하고 있는 교제였습니다. 그러나 뜻밖의 유대인들의 방문에 그는 아마도 당황했는지 모르는 것입니다. 그는 뜻밖의 상황을 만나면 이러한 행동을 늘 보여주곤 하였습니다. 그는 예수님을 잡으러 온 사람들 중의 한 종의 귀를 베기도 하였으며(요 18:10), 예수님을 세 번이나 부인하기도 하였습니다. 이제 안디옥에서 이방인들과의 교제 가운데 유대인들의 방문에 그는 외식하는 자가 되고 말았습니다. 그는 우리들에게 이와 같이 실패와 성공, 성공과 실패의 모습을 너무나 대립적으로 잘 보여줍니다.

베드로는 성령의 충만함 가운데 예루살렘 성령 강림 때에 3천 명이나 되는 사람들을 주께 돌이킴에 있어서 쓰임을 받은 사람이었습니다. 그는 성전 미문에 있었던 나면서 못 걷게 된 이에게 '은과 금은 내게 없거니와 내게 있는 이것을 네게 주노니 나사렛 예수 그리스도의 이름으로 일어나 걸으라'고 하였습니다. 그는 산헤드린의 위협 아래에서 '하나님 앞에서 너희의 말을 듣는 것이 하나님의 말씀을 듣는 것보다 옳은가 판단하라'(행 4:19)라고 하였습니다. 마치 베드로의 삶은 예루살렘 성령 강림 이전과 이후의 삶은 획을 이루는 것과 같이 여겨집니다. 그러나 여기 베드로의 안디옥에서 바울에게 책망을 받는 장면은 여전히 그는 연약한 사람임을 우리들에게 보여주는 것입니다. 우리는 여전히 연약한 사람이라는 것입니다. 믿음의 시작을 하였음에도 불구하고,

성령의 충만함을 받았음에도 불구하고 우리는 여전히 연약한 사람들이라는 것입니다.

그러나 오늘 말씀은 베드로의 연약함을 함께 동정하는 것이 아닙니다. 그의 넘어짐은 너무나도 치명적이었습니다. 그의 넘어짐은 마치 도미노와 같이 그와 더불어 많은 사람들이 넘어지게 하였습니다. 우리의 넘어짐은 매우 위험합니다. 혹 우리들 가운데 넘어짐과 일어섬을 잘하는 사람들이 있을 수 있습니다. 넘어지나 일어서기를 잘하는 사람들이 있을 수 있습니다. 그러나 우리들 중에는 분명히 한 번 넘어지면 일어서기가 힘든 사람들이 있는 것입니다. 더 나아가 한 번 넘어지면 영원히 일어서지 못하는 사람들이 또한 있는 것입니다. 그러므로 우리는 우리로 인하여 사람들이 넘어지지 않기로 조심하여야 합니다.

베드로의 넘어짐은 한 사람의 넘어짐이 아닌 더 위험한 복음의 진리의 훼손이었습니다. 그의 행위는 복음을 위배하였으며, 복음을 훼손하였으며, 많은 사람들에게 낙심을 주고, 복음을 왜곡케 하였습니다.

이제 바울은 비록 베드로라 할지라도 그를 책망하였습니다. 이 책망은 개인적인 책망이 아니었습니다. 베드로의 넘어짐은 개인적인 부분이 아니었기 때문입니다. 그는 공적인 사람이었습니다. 그의 행위는 공적인 행위였습니다. 이에 바울은 베드로를 책망하되 모든 사람 앞에서 책망하였습니다.

"네가 유대인으로서 이방인을 따르고 유대인답게 살지 아니하면서 어찌하여 억지로 이방인을 유대인답게 살게 하려느냐"(14절)

5. 바나바가 유혹됨을 살펴봅시다(13절).

베드로뿐만 아니라 바나바의 유혹됨은 참으로 충격적인 것입니다. 바나바는 앞서 바울과 함께 세계 제1차 전도여행을 함께 하였던 사람이었습니다. 어떻게 생각해 보면 절대로 외식할 수 없는 사람이 바로 바나바인 것입니다. 그러나 그 또한 베드로의 외식에 유혹되었다는 것은 얼마나 충격적인 사실인 것입니까? 우리는 사도행전 15장1-2절에서 바나바가 바울의 편에 섰음을 전합니다.

"어떤 사람들이 유대로부터 내려와서 형제들을 가르치되 너희가 모세의 법대로 할례를 받지 아니하면 능히 구원을 받지 못하리라 하니 바울 및 바나바와 그들 사이에 적지 아니한 다툼과 변론이 일어난지라"(행 15:1-2)

아마도 바나바는 자신의 신념에 대해서 유혹되었고 또한 흔들렸던 것으로 보입니다. 비록 잠시라도 유혹되었다는 것은 단지 바울이 베드로를 책망한 사건뿐만이 아니라 이후에 지속적으로 이 문제가 얼마나 큰 안디옥 교회 가운데 문제가 되었는가를 우리는 잘 알 수가 있습니다. 결국 이러한 문제들로 인하여 안디옥 교회는 바울과 바나바를 다시 예루살렘 교회에 파송하게 된 것입니다.

묵 상

01 바울이 베드로를 게바라고 부른 이유에 관하여 나누어봅시다.
이는 단지 베드로를 멸시하기 위함이 아닌 베드로일 수 없는 행위를 통한
그의 이름을 오히려 존귀히 여김이라 할 수 있습니다. 우리는 참되게 주님
의 자녀다운 우리 자신의 삶을 가져야 할 것입니다.

02 베드로의 영향력이 주는 교훈은 무엇입니까?

03 베드로와 바나바의 넘어짐이 주는 교훈은 무엇입니까?

되새김

생각해 보면 바울은 공동체 내적으로 많은 다툼을 겪어야 했던 사람이었습니다.
바나바와의 다툼이 그러하고 또한 심지어 베드로와의 다툼이 그러합니다. 그러
나 그는 이러한 다툼은 자신의 이익을 위한 것이 아니라 복음과 진리의 수호를
위한 것이었습니다.

의롭게 되는 것
2장15~21절

Key Point

갈라디아서 2장15절의 말씀은 2장11-14절의 안디옥 사건과 연속성과 불연속성을 가집니다. 곧 15절은 안디옥 사건의 베드로를 책망하는 말의 연속인지 아니면 바울이 베드로를 책망하는 내용을 정리하는 것인지 불명확합니다. 그럼에도 불구하고 15절 이하의 말씀은 앞선 사건을 통해서 바울이 전하고자 하는 것을 잘 나타내고 있습니다. 곧 사람이 의롭게 되는 것은 율법의 행위로 말미암음이 아니요 오직 예수 그리스도를 믿음으로 말미암는 것입니다.

갈라디아서 1장11-2장까지의 말씀은 바울의 행적을 바탕으로 복음의 신적 기원과 이신득의의 가르침을 줍니다. 이번 과는 그 마지막 말씀이며 본론의 첫 번째 큰 단락을 정리하는 의미를 가집니다.

갈라디아서 2장은 크게 두 부분으로 나뉘며, 좀 더 세분한다면 세 부분으로 나뉩니다. 바울의 두 번째 예루살렘 방문에 대한 이야기로 갈라디아서 2장1-10절까지의 말씀과 베드로가 수리아 안디옥을 방문한 갈라디아서 2장11-21절 말씀입니다. 두 번째 장면인 베드로의 수리아 안디옥 방문에 관한 말씀은 베드로가 바울로부터 책망을 받는 장면에 대한 이야기와 이에 대한 사설이 되는 11-14절과 15-21절까지로 나뉩니다. 특별히 15-21절까지의 말씀은 앞선 말씀들이 바울의 행적과 사건을 중심으로 전함에 비해 말씀에 대한 가르침으로 전환합니다.

1. 유대인과 이방인의 정체성의 차이를 살펴봅시다(15절).
　"우리는 본래 유대인이요 이방 죄인이 아니로되"(15절)

바울은 자신과 베드로를 같은 유대인이라 말하며 또한 이방 죄인들과 차별을 두고 있습니다. 이는 단순히 바울과 베드로 및 유대인들을 강조하는 것이 아니라 이 서신이 이방 그리스도인들에게 예수 그리스도를 믿는다는 것이 이방인뿐만 아니라 유대인들에게 어떠한 의미가 있는가를 밝히시는 것입니다. 본 서신의 목적이 무엇인지 분명히 하여야 합니다. 본 서신은 유대인들을 깨우치는 서신이 아니라 이방인들에게 보내 그들을 깨우치는 서신입니다.

바울은 자신의 정체성과 이방인들의 차이를 분명히 인식하고 있었습니다. 이방 죄인은 이방인과 죄인을 동일시한 말입니다. 이 말은 이방인들과 그중의 어떠한 죄인 된 자들을 구분한 것이 아니라 이방인들을 죄인으로 동일시하고 있는 말로써 유대인들의 특권과 우월성에 대하여 말하고 있는 것입니다. 우리는 '이방 죄인'이라는 말 속에서 이방인과 죄인을 구별하고 있지 않음을 주목해 보아야 합니다.

2. 유대인의 우월감을 깨뜨리는 것은 무엇입니까?(16절)

사람이 의롭게 되는 것은 율법의 행위로 말미암은 것이 아니다는 것입니다. 이것은 유대인으로 하여금 유대인으로서의 갖는 우월감의 근본 근거를 허무는 것입니다. 유대인이 유대인으로서 갖는 우월감을 산산조각을 내는 것입니다. 그들의 자랑을 헛되게 하는 것입니다. 유대인이 유대인으로서 갖는 선민됨의 증거는 율법에 있습니다. 그러나 율법으로 의롭다 함을 얻는 것이 아니라고 한다면 이는 다른 티켓을 가지고 극장의 줄을 서는 것과 같은 것입니다.

사람이 의롭게 되는 것이 율법의 행위로 말미암음이 아니며 오직 예수 그리스도를 믿음으로 말미암아 의롭게 됨으로 유대인도(우리도) 그리스도를 믿어야 합니다. 곧 믿음 안에서는 유대인과 이방인의 차별이 없는 것입니다. 더욱이 율법의 행위로써는 의롭다 함을 얻을 육체가 없음으로 더욱 유대인도 그리스도를 믿음으로 의롭다 함을 얻어야 하는 것입니다.

3. '죄인으로 드러나면'이란 무슨 의미입니까?(17절)

이는 15절을 풀어 주시는 것입니다. 우리는 본래 유대인이요 이방 죄인이 아니라고 하였던 바울은 이제 믿음 안에서 밝히 드러나는 것은 자신들 또한 죄인이라는 믿음의 고백이 되는 것입니다.

유대인들 또한 죄인이었습니다. 그러나 그 죄인됨이 감추어졌던 것입니다. 망각되었던 것입니다. 감추어졌다고 죄인이 의인이 될 수 없는 것입니다. 망각되었다고 하여서 죄인이 의인이 될 수 없는 것입니다. 그러나 이제 율법의 행위로써가 아닌 그리스도 안에서는 마침내 죄인됨이 드러나게 되었습니다.

4. 바울이 헐었던 것을 다시 세울 수 없는 이유는 무엇입니까?(18절)

지금껏 바울은 '우리가'라고 자신을 통해서 유대인들을 대표하였습니다. 이제 유대인들이 아닌 자기 자신의 고백에 관하여 전해 줍니다. '내가'... 바울은 '내가'라는 표현을 계속적으로 반복하여 말함으로 말미암아 믿음으로 말미암은 의와 믿음의 의미를 밝히 보여주고 있습니다(18,

19, 20, 21절).

바울은 자신이 지금 말하는 것, 즉 복음이 유대인들에게 무엇을 의미하는가를 잘 알고 있었습니다. 그것은 곧 유대인들의 '의의 체계'를 허무는 것이었습니다. 율법이 의를 주지 못하며 율법의 행위로써 의롭다함을 얻을 육체가 없으며 믿음 안에서 밝히 드러나기를 모든 사람이 죄인됨을 드러냅니다.

바울은 만일 내가 헐었던 것, 즉 율법의 체계를 다시 세우면 바울 자신이 스스로를 범법한 자로 만드는 것이라고 말합니다. 자신이 헐었던 것을 다시 세운다는 것은 그 헐었던 것을 분명히 범법함으로 인정하는 것이 되는 것입니다. 이는 또한 베드로의 외식함과 바나바의 외식의 유혹됨과 그들을 따랐던 많은 유대인들의 외식함에 대한 책망이 되는 것입니다. 바울은 왜 이들의 유혹에 따를 수 없는가를 분명히 하는 것입니다. 또한 바울은 이제는 다시 율법의 행위로 의롭다 함으로 돌아갈 수 없음을 단호히 말하는 것입니다.

참되게 범법한 자는 누구입니까? 이제 참되게 범법한 자는 자신들이 헐었던 것을 다시 세움으로 돌아가는 자들이 참되게 범법한 자들이 되는 것입니다. 곧 바울은 율법의 행위로 회귀하는 자들을 강하게 책망하는 것입니다.

5. 율법에 대하여 죽었다 함의 의미는 무엇입니까?(19절)

죽음은 분리를 뜻합니다. 육체적인 죽음은 육과 영의 분리입니다. 영적인 죽음은 하나님과의 분리입니다. 이제 율법에 대하여 죽었다 함은 곧 율법으로부터 분리를 선언하는 것입니다. 바울은 율법으로 말미암아 율법에 대하여 죽었다고 이야기합니다. '율법으로 말미암아' 곧 율법의 정죄함으로 말미암은 것입니다. 율법의 심판으로 말미암은 것입니다. 그러므로 믿음의 사람들은 율법으로 말미암아 율법에 대하여 죽은 자들이 되는 것입니다.

바울은 율법 자체를 부정하지 않습니다. 그러나 율법에 대한 기대와 율법에 대한 잘못된 가치 체계에 관하여 부정하였으며, 그 체계를 헐었으며, 이제 율법에 대하여 죽었다고 전합니다. 이는 하나님에 대하여 살기 위함입니다. 하나님에 대하여 살기 위해서는 율법에 대하여 죽어야 하는 것입니다.

"그러므로 내 형제들아 너희도 그리스도의 몸으로 말미암아 율법에 대하여 죽임을 당하였으니 이는 다른 이 곧 죽은 자 가운데서 살아나신 이에게 가서 우리가 하나님을 위하여 열매를 맺게 하려 함이라"(롬 7:4)

"우리가 육신에 있을 때에는 율법으로 말미암는 죄의 정욕이 우리 지체 중에 역사하여 우리로 사망을 위하여 열매를 맺게 하였더니 이제는 우리를 얽매였던 것에 대하여 죽었으므로 율법에서 벗어났으니 이러므

로 우리가 영의 새로운 것으로 섬길 것이요 율법 조문의 묵은 것으로 아니할지니라"(롬 7:5-6)

6. '내가 그리스도와 함께 십자가에 못 박혔나니'란 무슨 말입니까?(20절)

율법에 대하여 죽었다 함을 자세히 풀고 있습니다. 역사적으로 십자가에 죽은 것은 나사렛 예수입니다. 그러나 말씀은 '내가 그리스도와 함께 십자가에 못 박혔다'고 선언합니다. 곧 우리의 죄가 그 심판으로서 예수 그리스도와 함께 십자가에 못 박혔기 때문입니다. 이는 우리의 죄뿐만 아니라 우리의 옛 자아가 십자가에 못 박힘을 의미하는 것입니다. 그러므로 이제는 내가 사는 것이 아닙니다. 믿음의 사람들은 더 이상 내가 사는 것이 아닙니다. 오직 내 안에 그리스도께서 사시는 것입니다. 이는 참으로 믿음의 사람들에게 일어나는 엄청난 변화입니다. 내가 아니라 내 안에 그리스도께서 사시는 것입니다. 이제 내가 육체 가운데 사는 것은 나를 사랑하사 나를 위하여 자기 자신을 버리신 하나님의 아들을 믿는 믿음 안에서 사는 것입니다.

7. 만일 의롭게 되는 것이 율법으로 말미암으면 그 결과는 무엇입니까?(21절)

이는 참으로 역설적인 강한 부정의 표현이 아닐 수 없습니다. 우리가 만일 행위의 의롭다 하심을 좇아 산다면 이는 그리스도께서 헛되이 죽으셨음을 인정하는 것입니다.

오늘날 우리는 전적으로 그리스도를 의지하지 않을 때에, 그의 십자가를, 그의 구속의 피를 의지하지 않을 때에 우리는 이처럼 하나님의 은혜를 폐하는 것이며 또한 그리스도께서 헛되이 죽었음을 선언하는 것이 되는 것입니다. 우리는 그리스도의 죽음의 유익을 부인하지 않습니다. 그러나 여전히 율법의 행위로써 믿음 생활을 하고자 할 때에 우리는 이처럼 그리스도의 헛되이 죽었다고 선언하는 것이 되는 것입니다.

묵상

01 '우리'가 '내가'로 바뀜을 살펴봅시다. 그 의미는 무엇입니까?(18절)

02 율법의 행위를 의지하는 자는 어떠한 자입니까?(19절)
    하나님께 대하여 죽은 자(19절)
    은혜를 폐하는 자(21절)
    그리스도께서 헛되이 죽으셨다고 여기는 자(21절)

03 내 안에 그리스도께서 사시는 삶은 어떠한 삶입니까?(20절)

되새김

율법은 하나님의 의입니다. 그러나 율법은 우리를 의롭게 하는 '하나님이 의'가 아닙니다. 율법은 의로우나 율법으로 의롭다 함을 얻을 육체가 하나도 없는 것입니다. 오히려 우리는 의롭다 함을 얻기 위해서 그리스도와 함께 십자가에 못박혀 율법으로 말미암아 율법에 대하여 죽어야 합니다. 이는 내가 사는 것이 아니요 나를 사랑하사 나를 위하여 자기 자신을 버리신 하나님의 아들을 믿는 믿음 안에서 사는 것입니다.

갈라디아서

제3부

본론 2: 성경을 통한 이신득의
(3장-4장)

PART

08

어리석도다 갈라디아 사람들아
3장1~5절

Key Point

바울은 앞서 베드로를 책망하였습니다. 베드로를 책망함은 복음에 대한 바울의 권위를
한층 더 강화시키는 것입니다. 그리고 바울은 거기에서 머무는 것이 아니라 이제는 갈라
디아 사람들을 책망하고 있습니다.

본문 이해

갈라디아서 3-4장은 본론의 두 번째 큰 단락으로 성경을 통해서 이신 득의 교훈을 주십니다. 앞선 말씀에서는 바울 자신의 행적을 바탕으로 이신득의의 가르침을 주었다면 두 번째 단락에서는 성경을 통해서 말 씀하시는 것입니다. 이번 과는 그 도입으로 어리석은 갈라디아 사람들 에 대하여 책망합니다. 다른 복음을 전하는 자들을 저주함으로 다른 복 음의 위기 가운데 있는 자들을 경계하였다면 이제는 보다 직접적으로 그들을 책망합니다. 이전에는 게바의 외식함으로 책망하였다면 이제는 복음을 바르게 붙들지 못한 그들을 책망합니다.

■ 갈라디아서 3장의 구조적 이해

   갈 3:1-5: 세 가지 어리석음

   갈 3:6-9: 아브라함의 믿음과 의

   갈 3:10-13: 율법의 저주

   갈 3:14: 믿음으로 말미암는 복과 성령의 약속

   갈 3:15-20: 약속과 율법

   갈 3:21-29: 율법의 의의

1. 어떠한 사람들이 어리석은 사람입니까?(1절)

1) 하나님을 향하여 원망함이 어리석은 사람입니다.

하나님께서 잠시 우리들의 시험을 허락하심은 우리들에게 더 큰 복을 주시기 위함입니다. 그러므로 잠시 시험과 환란을 통해서 오히려 하나님을 향하여 원망하는 어리석은 사람이 되어서는 안 될 것입니다.

"이 모든 일에 욥이 범죄하지 아니하고 하나님을 향하여 어리석게 원망하지 아니하니라"(욥 1:22)

"그가 이르되 그대의 말이 어리석은 여자 중 하나의 말 같도다 우리가 하나님께 복을 받았은즉 재앙도 받지 아니하겠느뇨 하고 이 모든 일에 욥이 입술로 범죄치 아니하니라"(욥 2:10)

2) 하나님이 없다 함이 어리석은 사람입니다.

"어리석은 자는 그 마음에 이르기를 하나님이 없다 하도다 저희는 부패하고 소행이 가증하여 선을 행하는 자가 없도다"(시 14:1)

이는 단지 입술뿐만 아니라 하나님께서 그 마음을 살피시는 것입니다. 마음이 가장 정직한 것입니다. 하나님께서는 우리의 입술을 보시지 않습니다. 주여 주여 하는 자마다 천국에 다 들어가는 것이 아닙니다. 하나님께서는 우리의 마음을 보시고 또한 우리의 심령을 살피십니다. 입술로 신앙생활을 하고 의식과 형식, 종교적인 신앙생활은 오히려 심령을 감찰하시는 하나님 앞에 보다 더 가증한 것이며 이는 어리석은 자가 그 스스로에 의해서 속임을 받는 것과 같은 것입니다. 우리는 무엇보다도 우리 안에 하나님을 사랑하고 진실로 하나님을 경외함이 있는가를 살필 수 있어야 할 것입니다.

3) 자신의 심령이 깨끗지 못한 사람들이 어리석은 사람입니다.

예수님께서 한 바리새인의 점심 초대를 받으셨습니다. 이에 예수님께서 그 집에 들어가 점심을 잡수실 때에 잡수시기 전에 손을 씻지 아니하심을 이 바리새인이 이상히 여겼습니다. 이에 주님께서는 이를 아시고 그 바리새인과 오늘날 우리들에게 하신 말씀이 있습니다.

"주께서 이르시되 너희 바리새인은 지금 잔과 대접의 겉은 깨끗이 하나 너희 속인즉 탐욕과 악독이 가득하도다 어리석은 자들아 밖을 만드신 이가 속도 만들지 아니하셨느냐 오직 그 안에 있는 것으로 구제하라 그리하면 모든 것이 너희에게 깨끗하리라"(눅 11:39-41)

4) 어리석은 사람은 주의 뜻을 이해하지 못하는 사람입니다.

만일 우리가 온전히 신앙생활을 한다고 하면서도 주의 뜻을 이해하지 못한다면 우리는 어리석은 사람이 되고 마는 것입니다.

1. 성령충만(18절)
2. 찬송함(19절)
3. 감사(20절)
4. 복종함(21절)

5) 하나님의 말씀을 깨닫지 못하고 또한 더디 믿는 사람들입니다.

"가라사대 미련하고 선지자들의 말한 모든 것을 마음에 더디 믿는 자들이여"(눅 24:25)

6) 믿음이 아닌 율법의 행위를 의지하는 사람들은 어리석은 사람들입니다.

"어리석도다 갈라디아 사람들아 예수 그리스도께서 십자가에 못 박히신 것이 너희 눈앞에 밝히 보이거늘 누가 너희를 꾀더냐"(갈 3:1)

바울은 갈라디아 교인들을 책망하며 누가 그들을 꾀었느냐고 묻습니다. 곧 거짓된 진리로 누가 갈라디아 사람들에게 전하였는지 묻는 것입니다. 우리는 이와 같이 거짓된 이 세상의 진리에 의해서 믿음과 신앙의 흔들림이 있어서는 안 될 것입니다.

2. 바울은 사람이 의롭게 되는 것이 믿음으로 말미암음을 밝혔습니다. 한 걸음 더 나아가 믿음으로 말미암아 주어지는 또 다른 선물은 무엇입니까?(2절)

곧 믿음으로 말미암아 의롭게 여김을 받을 뿐만 아니라 듣고 믿음으로 말미암아 성령을 받았다는 것입니다. 사람들은 자신이 믿음으로 말미암아 의롭게 됨과 또한 성령을 선물로 받음을 잘 알지 못합니다. 고린도전서 6장19-20절은 이렇게 말씀하십니다.

"너희 몸은 너희가 하나님께로부터 받은 바 너희 가운데 계신 성령의 전인 줄을 알지 못하느냐 너희는 너희 자신의 것이 아니라 값으로 산 것이 되었으니 그런즉 너희 몸으로 하나님께 영광을 돌리라"(고전 6:19-20)

우리가 성령을 선물로 받은 것은 율법의 행위가 아닌 듣고 믿음으로 말미암은 것입니다. 만일 율법의 행위로써 의롭다 함을 얻는 것이면 성령은 선물이 될 수 없는 것입니다. 성령의 선물됨을 부정하는 것이 되는 것입니다.

3. 갈라디아 사람들의 어리석음에 대한 두 번째 책망의 말씀은 무엇입니까?(3절)

"일의 끝이 시작보다 낫고 참는 마음이 교만한 마음보다 나으니"(전 7:8)

갈라디아 사람들의 어리석음은 율법의 행위를 의지함으로 말미암아 예수 그리스도의 십자가의 죽음을 망각한 것이었습니다. 만일 율법의 행위를 의지한다면 이는 예수 그리스도의 십자가 죽음을 부인하는 자가 되는 것입니다.

바울은 다시 한번 갈라디아 사람들의 어리석음을 책망합니다. 만일 율법의 행위를 의지한다면 이번에는 성령을 부인하는 자들이 되고 마는 것입니다. 율법의 행위를 의지하는 자는 성령으로 시작하였다가 육체로 마치는 자들이 되는 것입니다. 바울은 이전에 '내가 헐었던 것을 다시 세우면 내가 나를 범법한 자로 만드는 것이라'(갈2:18) 하였습니다. 곧 다시 율법의 행위를 의지하는 자는 범법한 자가 되며, 성령으로 시작하였다가 육체로 마치는 어리석은 사람이 되는 것입니다.

4. 갈라디아 사람들의 어리석음에 대한 세 번째 책망의 말씀은 무엇입니까?(4절)

예수 그리스도의 십자가의 죽음, 성령에 이어 세 번째 그들의 부정하는 것을 제시합니다. 곧 그들이 복음 안에서 받은 모든 괴로움들을 그들이 율법의 행위로 회귀하는 순간 헛되게 여기는 것이 되는 것입니다.

5. 믿음의 성도들의 결단의 자리에서 이루어져야 할 질문에 관하여 살펴봅시다(5절).

바울은 이미 앞선 2절의 말씀을 반복하는 듯한 말씀을 합니다. 그러나 이번에는 하나님의 관점에서 말씀하심으로 말미암아 우리들로 하여금 부인할 수 없는 자리로 몰아세우십니다. 이미 앞선 말씀을 통해서 우리는 율법의 행위가 아닌 믿음으로 말미암는 의를 고백할 수밖에 없는 지경에 이르렀으며 이제는 하나님 앞에서 우리는 우리의 의가 율법의 행위로 말미암은 것이 아닌 믿음으로 말미암는 의임을 고백하게 하시는 것입니다.

01   갈라디아 사람들의 세 가지 어리석음에 관하여 나누어 봅시다.

02   믿음의 선물 세 가지에 관하여 나누어 봅시다.

03   율법의 행위입니까? 듣고 믿음으로 말미암음입니까?
      각자의 삶에 비추어 나누어 봅시다.

되새김

믿음은 의로움을 주며, 성령을 선물로 주며 또한 모든 환난 가운데서도 하나님의
능력 가운데 붙들림을 받게 됩니다. 우리는 이러한 하나님의 선물을 율법의 행위
로 말미암음으로 회귀해서는 안될 것입니다. 그런데 이제 갈라디아 사람들은 율
법의 행위로 돌아감으로 말미암아 그리스도의 십자가를 부인하고, 성령을 부인
하고, 자신들의 괴로움을 부인하는 위기 가운데 놓이게 된 것입니다.

PART

09

아브라함의 믿음과 의
3장6~14절

Key Point

믿음으로 말미암아 의롭게 됨을 성경을 통하여 가르치기 위하여 바울은 아브라함을 제시
합니다. 곧 아브라함은 믿음으로 의롭게 되었으며 우리는 믿음으로 아브라함의 자손이 되
며 믿음으로 아브라함과 함께 복을 받게 됩니다.

본문 이해

갈라디아서 3-4장은 본론의 두 번째 큰 단락으로 성경을 통해서 이 신득의 교훈을 주십니다. 그 도입으로 갈라디아 사람들을 책망한 바울은 격정적인 듯 하지만 말씀의 자리에 서 있습니다. 자신의 행적을 통하여 증언하였던 바울은 다시 말씀으로 돌아왔습니다. 이제 복음을 전함에 있어서 바울은 성경적인 증언을 통해서 복음에 관하여 설명합니다. 이번 과에서 바울은 성경적인 교훈으로 아브라함을 통해서 이신득의를 가르칩니다.

1. 아브라함의 의는 무엇입니까?(6절)

이제 바울은 사람이 의롭게 되는 것이 율법의 행위로 말미암은 것이 아닌 믿음으로 말미암은 의임을 아브라함을 통해서 전합니다. 가장 설득력이 있고 또한 믿음의 사람들에게 확실한 것은 성경적인 예가 됩니다. 앞서 갈라디아 사람들의 어리석음을 세 가지 책망하였습니다. 만일 사람이 의롭게 되는 것이 율법의 행위로 말미암은 것이면 그리스도께서 헛되이 죽으신 것이며(갈 2:21, 3:1), 성령을 선물로 받은 것을 부인하는 것이며(갈 3:2,5), 갈라디아 사람들이 복음을 위하여 받은 괴로움을 헛되이 받은 것이 되는 것입니다(갈 3:4).

이제 사람이 의롭게 되는 것이 율법의 행위로 말미암은 것이 아니라 믿음으로 말미암은 것임을 확증하는 예가 바로 아브라함의 의입니다. 아브라함이 하나님을 믿으매 그것을 그에게 의로 정하셨습니다.

2. 누가 아브라함의 자손입니까?(7절)

율법의 행위로 말미암은 구원을 주장하는 자들은 갈라디아의 이방인들에게 아브라함의 자손이 되기 위하여 할례를 행하며 율법의 가르침을 따라야 함을 가르쳤을 것입니다. 그러나 바울은 아브라함을 통해서 정반대로 바른 믿음으로 말미암은 의를 전하여 줍니다.

"그런즉 믿음으로 말미암은 자들은 아브라함의 자손인 줄 알지어다"(7절)

아브라함이 믿음으로 말미암아 의롭다 함을 얻었다 함은 그의 혈통에 의해서 그의 자손이 되는 것이 아니라 믿음으로 말미암아 그의 자손이 됩니다. 이는 2장15절의 말씀을 반박하는 말씀입니다.

"우리는 본래 유대인이요 이방 죄인이 아니로되"(갈 2:15)

유대인들은 구원에 관하여 무임승차합니다. 그들은 혈통적으로 아브라함의 자손이라는 한 가지 사실로 이방 죄인들과 차별하며 하나님의 백성이라는 자부심을 가지고 있었습니다. 그러므로 이방인들에게 강요하기를 그들이 구원을 얻기 위해서는 먼저 할례를 행함으로 말미암아 아브라함의 자손이 되고 율법의 가르침을 따라야 한다고 무거운 짐을 지운 것입니다.

3. 먼저 아브라함에게 복음을 전하신 이유는 무엇입니까?(8절)

아브라함의 믿음으로 말미암은 의는 이전에 하나님께서 이방을 믿음으로 말미암아 의로 정하신 예정하심 가운데 있는 것입니다. 사람이 믿음으로 말미암아 의롭게 됨은 아브라함을 통해서 알 수 있지만 이 또한 하나님의 보다 크신 예정하신 가운데 이루어진 하나님의 계획이요, 섭리입니다. 곧 하나님이 이방을 믿음으로 말미암아 의로 정하실 것을 성경이 미리 알고 먼저 아브라함에게 복음을 전하되 모든 이방인이 너로 말미암아 복을 받으리라 한 것입니다.

4. 아브라함과 함께 복을 받는 자들은 어떠한 사람들입니까?(9절)

믿음으로 말미암은 자는 아브라함의 자손일 뿐만 아니라 믿음으로 말미암은 자는 믿음이 있는 아브라함과 함께 복을 받는 것입니다. 하나님께서는 아브라함을 통해서 보이시는 바 의로움은 믿음으로 말미암은 것이며 믿음으로 말미암은 의로움 가운데 아브라함의 자손이 되고 또한 아브라함에게 허락하신 복이 주어짐을 선포하십니다.

5. 저주 아래에 있는 자들은 어떠한 사람들입니까?(10절)

믿음 안에 있는 자의 복됨은 그가 믿음으로 말미암아 아브라함의 자손이 되며 믿음으로 말미암아 아브라함과 함께 복을 받음에 있습니다.

그러나 율법 행위에 속한 자들은 저주 아래에 있게 됩니다. 율법 아래 있는 자들은 그 율법이 오히려 저주가 됩니다. 왜냐하면 누구도 율법의 요구를 다 행할 수 없기 때문입니다.

"이 율법의 말씀을 실행하지 아니하는 자는 저주를 받을 것이라 할 것이요 모든 백성은 아멘 할지니라"(신 27:26)

6. 두 가지 사는 법은 무엇이며 의인이 사는 법은 무엇입니까?(11-12절)

두 가지 사는 법은 율법으로 사는 것과 믿음으로 사는 것입니다. 율법을 행하는 자는 율법으로 살리라 하였으나 하나님 앞에서 아무도 율법으로 말미암아 의롭게 되지 못할 것이 분명하니 의인은 믿음으로 사는 것입니다.

"너희는 내 규례와 법도를 지키라 사람이 이를 행하면 그로 말미암아 살리라 나는 여호와이니라"(레 18:5)

"보라 그의 마음은 교만하며 그 속에서 정직하지 못하나 의인은 그의 믿음으로 말미암아 살리라"(합 2:4)

7. 그리스도께서 우리를 위하여 저주를 받으심을 살펴봅시다(13절).

"그 시체를 나무 위에 밤새도록 두지 말고 그 날에 장사하여 네 하나님 여호와께서 네게 기업으로 주시는 땅을 더럽히지 말라 나무에 달린

자는 하나님께 저주를 받았음이니라"(신 21:23)

율법 아래에 있는 자들은 저주 아래 있는 것입니다. 그러나 믿음 안에 있는 자들은 그리스도께서 우리들의 저주를 친히 담당하심으로 이제 더 이상 저주 아래 있지 않는 것입니다. 하나님은 참으로 의의 전가를 위하여 저주의 전가를 행하신 것입니다. 우리의 저주는 나무 위에 달리신 그리스도께 전가되고 그리스도의 의, 하나님의 의는 믿음으로 말미암아 우리들에게 전가된 것입니다.

8. 그리스도께서 저주를 받으심의 두 가지 유익함은 무엇입니까?(14절)

그리스도께서 저주를 받으심을 우리들에게 두 가지 유익함을 주었습니다. 첫째 그리스도 예수 안에서 아브라함의 복이 이방인에게 미치게 하였습니다. 모든 사람이, 유대인이나 이방인이라 그리스도를 믿음으로 말미암아 의롭게 될 때에 그리스도의 저주를 받으심은 아브라함의 복이 이방인에게까지 미치게 한 것입니다. 둘째, 믿음으로 말미암아 성령의 약속을 받은 것입니다. 믿음으로 말미암은 의가 행위가 아닌 선물로 주어졌음에 대한 예로만 이해될 수 없는 것입니다(갈 3:2-3). 그리스도께서 저주를 받으신 목적이 바로 믿음으로 말미암아 성령의 약속을 받게 하시기 위함인 것입니다.

묵상

01　갈라디아서에 나오는 세 가지 저주를 살펴봅시다.
　　1. 다른 복음을 전하는 자
　　2. 율법 행위에 속한 자들
　　3. 그리스도께서 받으신 저주

02　하나님께서 아브라함에게 복을 주신 목적은 무엇입니까? 그리고 나에게 복
　　을 주시는 목적은 무엇입니까? 나는 복의 과녁입니까? 통로입니까?

03　율법에 대하여 죽음과 율법의 저주에서 속량하셨음에 관하여 나누어 봅시다.

되새김

믿음의 사람들은 의롭다 함을 얻으며, 아브라함의 자손이 되며, 아브라함과 함
께 복을 받으며, 율법의 저주에서 속량된 자이며, 성령을 선물로 받은 자입니다.
우리는 믿음으로 말미암은 삶의 유익함에 관하여 알지 못하는 자가 되어서는 안
될 것입니다.

PART

10

약속과 율법
3장15~20절

Key Point

아브라함의 예를 들어 믿음으로 말미암은 의를 전한 바울은 이번에는 약속과 율법을 통하여 믿음으로 말미암는 의에 관하여 다시 전합니다.

갈라디아서 3-4장은 본론의 두 번째 큰 단락으로 성경을 통해서 이신득의 교훈을 주십니다. 갈라디아 사람들을 책망하고 아브라함을 통해서 이신득의에 관하여 가르친 바울은 이번에는 약속과 율법을 통해서 이신득의를 교훈합니다.

약속들은 아브라함과 그 자손에게 말씀하신 것으로 이 자손은 여럿을 의미하는 것이 아닌 곧 그리스도를 향한 것입니다.

"이 약속들은 아브라함과 그 자손에게 말씀하신 것인데 여럿을 가리켜 그 자손들이라 하지 아니하시고 오직 한 사람을 가리켜 네 자손이라 하셨으니 곧 그리스도라"(16절)

이 약속은 창세기 12장2-3절에 기인하는 것입니다.

"내가 너로 큰 민족을 이루고 네게 복을 주어 네 이름을 창대케 하리니 너는 복의 근원이 될지라 너를 축복하는 자에게는 내가 복을 내리고 너를 저주하는 자에게는 내가 저주하리니 땅의 모든 족속이 너를 인하여 복을 얻을 것이니라"(창 12:2-3)

이 복이라는 것은 아브라함뿐만 아니라 그 자손에게 향한 것인데 이 자손은 곧 그리스도로 성취됩니다.

"여호와께서 아브람에게 나타나 가라사대 내가 이 땅을 네 자손에게 주리라 하신지라"(창 12:7)

"보이는 땅을 내가 너와 네 자손에게 주리니 영원히 이르리라"(창 13:15)

성경의 복은 아브라함에게 주어졌고 그의 민족인 이스라엘에 국한된 것이 아니라 아브라함과 그의 진정한 자손 그리스도로 통하여 성취되어 전 인류에게 향한 것입니다.

이제 약속은 율법보다 월등합니다. 율법은 약속보다 열등한 것입니다. 다음을 통해서 그 여러 가지 이유들을 살펴봅시다(15-20절).

1. 약속은 하나님의 약속으로 불멸하나 율법은 더하여졌고 제한됩니다.

약속에 관하여-"형제들아 사람의 예대로 말하노니 사람의 언약이라도 정한 후에는 아무나 폐하거나 더하거나 하지 못하느니라"(15절)

법에 관하여-"그런즉 율법은 무엇이냐 범법하므로 더하여진 것이라 천사들을 통하여 한 중보자의 손으로 베푸신 것인데 약속하신 자손이 오시기까지 있을 것이라"(19절)

약속은 폐하거나 더하거나 할 수 없으나(15절) 율법은 범법함을 인하여 더하여졌고(19절), 약속하신 자손이 오시기까지 제한된 것입니다(19절). 이로 보건대 율법은 약속보다 열등하며 우리는 율법이 아닌 약속을 바라보아야 하는 것입니다.

2. 하나님의 약속은 율법보다 앞서기 때문입니다.

"내가 이것을 말하노니 하나님께서 미리 정하신 언약을 사백삼십년 후에 생긴 율법이 폐기하지 못하고 그 약속을 헛되게 하지 못하리라"(17절)

하나님께서 그리스도를 통한 언약은 결코 하나님의 약속 후 430년 후에 주어진 율법으로 폐할 수 없는 것입니다(출 12:40). 하나님께서는 아브라함과 약속 후에 430년 후에 모세를 통해 율법을 주셨습니다. 율법은 분명히 하나님께로부터 왔기에 거룩한 것임에는 틀림이 없습니다. 그러나 율법은 율법으로서의 역할이 있을 뿐이지 이 율법이 430년 이전에 주어진 약속을 폐할 수 없는 것입니다.

3. 약속은 은혜로 주신 것이나 율법은 범법함으로 인해 주신 것입니다.

"그런즉 율법은 무엇이냐 범법하므로 더하여진 것이라 천사들을 통하여 한 중보자의 손으로 베푸신 것인데 약속하신 자손이 오시기까지 있을 것이라"(19절)

"그런즉 율법은 무엇이냐 범법하므로 더하여진 것이라 천사들을 통하여 한 중보자의 손으로 베푸신 것인데 약속하신 자손이 오시기까지 있을 것이라"(19절)

곧 하나님의 유업과 약속은 율법으로부터 난 것이 아닌 율법과 별개로 하신 약속으로 은혜로 주어진 것이나 율법은 인간의 범법함으로 인해 그것을 제한하고 방지하고 예방하는 열등한 것입니다. 율법은 처음부터 주어진 것이 아니라 더하여진 것이기에 약속에 비해 열등하며 범법함으로 인해 주어져 죄가 죄로서 드러나게 하고 심지어 넘치는 것을 바라보게 하는 것입니다. 율법은 인생들의 저마다의 죄를 알게 하며 인생들이 죄를 방지하고 제한하고 억제하려 하나 연약한 인생은 이러한 율법 속에서 온전히 방지하지도, 제한하지도, 억제하지도 못하고 오히려 율법의 저주 가운데 빠져드는 것입니다.

4. 약속은 하나님으로부터 직접 말미암으나 율법은 천사들로 말미암아 중보의 손을 빌어 베풀어졌기 때문입니다.

율법에 관하여-"그런즉 율법은 무엇이냐 범법하므로 더하여진 것이라 천사들을 통하여 한 중보자의 손으로 베푸신 것인데 약속하신 자손이 오시기까지 있을 것이라"(19절)

"너희가 천사의 전한 율법을 받고도 지키지 아니하였도다 하니라"(행 7:53)

"천사들을 통하여 하신 말씀이 견고하게 되어 모든 범죄함과 순종하지 아니함이 공정한 보응을 받았거든"(히 2:2)

약속에 관하여– "그 중보자는 한 편만 위한 자가 아니나 하나님은 한 분이시니라"(20절)

율법은 천사들로 말미암아 중보의 손을 빌어 베푸신 것입니다. 출애굽기에는 하나님이 직접 율법을 주신 것으로 나타나지만 율법은 하나님께서 천사들로 말미암아 모세의 중보의 손을 빌어 베풀어 주신 것입니다. 이는 아브라함에게 직접 주신 약속, 믿음과 비교할 때 열등한 것임에 틀림이 없습니다. 율법은 처음부터 주신 것도 아니며 하나님의 직접적인 손길로 말미암은 것도 아닙니다.

율법에 있어 중보가 개입되었다는 것은 결국 율법의 권위를 약화시키는 것이며 하나님의 권위를 약화시키는 것이 아닙니다. 하나님께서는 중보가 필요 없기 때문입니다. 이는 명확히 할 필요가 있는 것입니다. 중보란 양쪽을 위한 것이나 양쪽을 대등하게 볼 수 있는 것은 아닙니다. 하나님은 중보가 필요치 않으신 분이십니다. 그러므로 말씀은 '그 중보자는 한 편만 위한 자가 아니나 하나님은 한 분이시니라'고 말씀하십니다. 그럼에도 불구하고 약속은 하나님께서 직접 약속을 우리들에게 주셨으나 율법은 천사를 통하여 중보자 모세를 통해 우리들에게 건너 주심으로 그 열등함을 우리들에게 보이신 것입니다.

5. 유업은 율법이 아닌 약속으로 말미암은 것입니다.

"만일 그 유업이 율법에서 난 것이면 약속에서 난 것이 아니리라 그러나 하나님이 약속으로 말미암아 아브라함에게 주신 것이라"(18절)

6. 율법은 약속을 폐기하지 못하고 헛되게 하지 못합니다.

"내가 이것을 말하노니 하나님께서 미리 정하신 언약을 사백삼십년 후에 생긴 율법이 폐기하지 못하고 그 약속을 헛되게 하지 못하리라"(17절)

01 율법 전에 약속이 주어진 것이 주는 의미는 무엇입니까?

02 율법을 주신 이유는 무엇입니까?

03 율법은 언제까지입니까?

되새김

하나님의 자녀는 율법 이전에 약속에 의한 것입니다. 그러나 범법함으로 말미암아 율법을 주심으로 말미암아 죄에 대한 깨우침을 주시기 위하여 더하여진 것입니다. 복음을 주시기 이전에 율법을 주셨으며 그리스도께서 오시기 전에 세례 요한이 있었으며 복음을 믿기 전에 회개가 필요한 것입니다. 우리는 어떠한 마음으로 그리스도를 영접하였습니까? 율법의 참된 의미는 무엇입니까?

PART

11

유대인에게 율법과 믿음
3장21~4장7절

Key Point

이전 과에서 우리는 약속이 율법보다 우월함을 나누었습니다. 이번 과에서는 율법과 약속이 조화함과 더불어 율법을 주신 이유와 믿음의 이전과 이후의 삶의 비교를 전해 줍니다.

___

　믿음으로 말미암는 의에 관하여 전하기 위하여 '아브라함의 예'와 '약속과 율법'을 통하여 전하였다면 이번 과는 계속적으로 약속과 율법의 말씀을 전하나 유대인의 입장에서 약속과 율법은 대립되는 것이 아닌 조화로운 것이며 믿음이 오기 전과 믿음이 온 이후에 율법의 역할을 전합니다.

■ 갈라디아서 4장의 구조적 이해

　　갈 4:1-7: 유업을 이을 자

　　갈 4:8-11: 종노릇 하지 말라

　　갈 4:12-20: 나와 같이 되기를 구하노라

　　갈 4:21-31: 하갈과 사라

1. 약속과 율법이 조화를 이룸을 살펴봅시다(21-24절).

1) 율법은 약속들을 거스리지 않습니다.

　"그러면 율법이 하나님의 약속들과 반대되는 것이냐 결코 그럴 수 없느니라 만일 능히 살게 하는 율법을 주셨더라면 의가 반드시 율법으로 말미암았으리라"(3장 21절)

율법은 약속에 비해 열등하다고 하여 불필요한 것이 아닙니다. 또한 율법은 약속들과 반대되는 것이 아닙니다. 율법이 약속과 반대되지 않는다는 것은 율법이 약속이 하는 일을 하지 않는다는 것을 뜻합니다.

2) 율법은 믿음이 오기까지 우리를 죄 아래 가둡니다.
"그러나 성경이 모든 것을 죄 아래에 가두었으니 이는 예수 그리스도를 믿음으로 말미암은 약속을 믿는 자들에게 주려 함이라"(22절)

율법은 범법함으로 인해 우리들에게 주어졌고 성경은 율법으로 통해 모든 것을 죄 아래 가두었습니다. 이처럼 그리스도가 오시기 전까지 모든 것을 죄 아래 가두심은 율법의 저주 아래 심판하려 하심이 아니라 이제 예수 그리스도를 믿음으로 말미암은 약속을 믿는 자들에게 주시려 함입니다.

따라서 믿음이 오기 전에 우리는 율법 아래 매인 바 되고 계시될 믿음의 때까지 갇히게 된 것입니다. 율법은 우리들로 하여금 믿음에 대한 기다림을 주며 또한 믿음에 대한 소망을 주며 믿음에 대한 간절함을 줍니다. 율법이 우리를 매고 갇히게 함은 결코 우리를 심판하기 위함이 그 궁극적인 목적이 아닙니다. 그것은 우리로 믿음의 때까지 기다리게 하는 것입니다. 이 믿음은 계시되는 믿음으로, 사람으로 말미암은 것이 아닌 하나님께로 말미암는 믿음이 되는 것입니다. 이 모든 것은 참으로 은혜라 아니할 수 없는 것입니다.

3) 율법은 우리를 그리스도에게로 인도하는 초등교사가 됩니다.

"이같이 율법이 우리를 그리스도께로 인도하는 초등교사가 되어 우리로 하여금 믿음으로 말미암아 의롭다 함을 얻게 하려 함이라"(24절)

율법은 우리가 율법이 아닌 믿음으로 의롭다 함을 얻음으로 인도하는 것입니다. 초등교사 곧 이전 번역으로, 몽학 선생이란 노예들이 주인의 어린 학생을 학교에 데리고 가고 때때로 초등학문 등을 가르치던 역할을 했던 사람들입니다. 이처럼 율법은 몽학 선생처럼 우리를 믿음으로 이끌어주는 역할을 하는 것입니다. 또한 믿음이 온 후로는 우리는 이 율법의 몽학 선생 아래 더 이상 있지 않는 것입니다.

2. 믿음이 온 후에 하나님의 자녀들의 삶은 어떻게 변화되었습니까?(25-29절)

1) 믿음이 온 후에는 우리는 더 이상 몽학선생 아래 있지 않습니다(25절).

우리는 믿음 안에서 더 이상 몽학 선생 아래 머물러 있어서는 안 될 것입니다. 우리는 이제 예수 그리스도 안에서 우리의 삶의 의미와 목적을 얻게 된 것입니다. 그 안에 의와 평강이 있음을 알게 되는 것입니다. 우리 안에 기쁨과 즐거움이 넘치는 것입니다. 율법의 정죄로 말미암은 것이 아니라 자원하는 심령이 우리들 가운데 있는 것입니다.

2) 우리는 다 믿음 안에서 예수 안에서 하나님의 아들이 되었습니다(26절).

이것이 믿음 안에서 우리들에게 일어나는 것입니다. 믿음이 온 후에는 우리가 초등교사 아래 있지 않음과 또한 우리는 결코 믿음이 온 후에는 초등교사 아래 있어서는 안되는 것은 우리는 그리스도 예수 안에서 하나님의 아들이 됨입니다.

3) 누구든지 그리스도와 합하기 위하여 세례를 받은 자는 그리스도로 옷 입었습니다(27절).

율법은 우리를 옷 벗기는 것입니다. 죄된 우리들을 폭로하고 우리를 발가벗기는 것입니다. 그러나 이제 믿음은 우리들을 옷 입힙니다. 은혜는 율법으로 말미암아 발가 벗겨진 자들을 예수 그리스도의 의로 옷 입히는 것입니다.

누구라 할지라도 그리스도와 합하여 세례를 받은 자는 그리스도로 옷 입는다는 것은 얼마나 복된 일입니까? 인생의 한계와 연약함을 느끼며 얼마나 인간의 굴레에서 인생의 헛됨에서 벗어나기 위해 노력했습니까? 그러나 이제는 그리스도와 합하여 세례를 받음으로 이 모든 일이 가능하다는 말씀은 우리 인생에게 얼마나 복된 말씀입니까? 그리스도로 옷을 입어야 할 것입니다. 세상의 더러운 옷을 벗어버려야 할 것입니다. 그리스도로 옷 입음은 입고 벗고 하는 것이 아닙니다. 그것은 영원히 입는 것입니다.

그리스도께서는 자신의 의의 옷을 우리들에게 입히시기 위하여 그 자신은 벌거벗겨졌음을 알아야 합니다. 하나님께서는 우리들을 존귀하게 하시기 위하여 친히 그 수치를 당하셨음을 우리는 알아야 할 것입니다. 우리들에게 주어진 하나하나가 다 우리 주님의 대가의 지불 가운데, 이루 말할 수 없는 대가지불로 말미암은 것이라는 사실을 우리는 잊지 말아야 합니다.

4) 유대인이나 헬라인이나 종이나 자유인이나 남자나 여자나 다 그리스도 예수 안에서 하나입니다.

우리가 유대인이건 헬라인이건 종이건 자유인이건 남자나 여자 없이 다 그리스도 안에서 하나가 됩니다. 우리의 신분이 어찌 되었건 우리는 그리스도로 옷 입을 때 그리스도 안에서 모두 하나가 되는 것입니다. 우리가 가진 것으로, 우리의 신분됨으로 그리스도 안에서 서로가 차별하는 것은 얼마나 말씀을 위배하는 것이며 얼마나 자신의 신분됨을 망각하는 행위입니까? 바울은 이전에 '우리는'이라는 말은 유대인이라는 뜻을 가졌습니다(2장15절). 그러나 이제 '우리는' 유대인이 아니라 그리스도와 함께 옷 입은 모든 자들을 뜻하는 것입니다. 우리는 때때로 차별적인 용어가 됩니다. 우리라는 말이 얼마나 상대방을 소외시킵니까? 그러나 그리스도 예수 안에서의 우리는 차별이 없는 것입니다.

5) 그리스도의 것이 됩니다(29절).
6) 아브라함의 자손이 됩니다(29절).
7) 약속대로 유업을 이을 자입니다(29절).

우리는 그리스도로 옷 입음으로 그리스도 예수 안에서 하나가 되는 것이며 그리스도의 것이며 아브라함의 자손이며 약속대로 유업을 이를 자가 되는 것이다. 예전에 아브라함에게 약속하셨던 것이 그리스도 안에서 성취된 것이다.

3. 율법을 후견인과 청지기로 비유함을 살펴봅시다(4장1-7절).

1) 유업을 이을 자가 종 노릇 한 이유는 무엇입니까?(1-3절)

유업을 이를 자는 모든 것의 주인입니다. 그러나 어렸을 동안에는 종과 다름이 없는 것입니다. 곧 우리가 어렸을 때에는 언제를 의미합니까? 믿음이 오기 전 우리가 율법 아래에 있을 때입니다.

2) 언제까지 종 노릇을 하였습니까?(2절)

세상의 유업을 받을 자도 그 아버지의 정한 때까지 후견인과 종으로부터 배우며 정한 때를 기다리게 되는 것입니다. 하나님은 우리로 하여금 이 세상의 초등학문 아래 종 노릇하는 것을 허락하사 우리의 은혜를 더욱 값지게 하셨습니다. 초등학문인 율법의 행위 속에서 살며 하나님의 은혜가 왜 은혜인지 알고 깨닫게 하셨습니다. 하나님은 인생들로 한없는 절망을 경험하게 하사 더욱 하나님께 나아가게 하시는 것입니다.

3) 하나님이 그 아들을 보내사 여자에게서 나게 하시고 율법 아래에서 나게 하신 이유는 무엇입니까?(4-5절)

마침내 아버지가 정한 때가 찼습니다. 아버지는 더 이상 그 아들들로 세상의 초등학문에 순종하며 살게 하시지 않으셨습니다. 하나님은 먼저 아들을 보내사 여자에게서 나게 하셨고 율법 아래 나게 하셨습니다. 여자라 함은 한 육체를 말함이며 또한 율법 아래 나게 하심은 그분이 율법을 온전히 준행함으로 말미암아 우리들로 그 율법의 준행으로부터 속량하시고 우리들로 아들의 명분을 얻게 하려 하심입니다. 율법 아래 있고 율법을 섬기며 순종하며 준행하여야 할 우리들이 여자에게서 오시고 율법 아래 오신 예수 그리스도의 속량하심으로 아들의 명분을 얻게 된 것입니다.

4) 하나님이 그 아들의 영을 우리 마음에 가운데 보내사 아빠 아버지라 부르게 하심을 살펴봅시다(6절).

하나님은 더 이상 우리들로 세상의 초등학문에 종노릇하는 것이 아니라 율법으로부터 속량 받고 하나님의 아들이 됨으로 그 아들의 영으로 하나님을 아버지라 부를 수 있게 하셨습니다. 하나님은 우리를 아들로 삼으시되 아들의 영을 부여하셨습니다. 우리는 아들이기 전에 아들의 영을 부여받은 자들임을 알아야 할 것입니다. 하나님은 단순히 우리들을 아들로 삼으신 것이 아니라 우리들 가운데 아들의 영을 부여하시고 내적인 아들이 된 것입니다. 하나님의 외적인 아들의 인침은 내적으로 우리들 가운데 있는 아들의 영이 증거하는 것입니다.

5) 아들에게 주어진 것은 무엇입니까?

성도가 자신에 대하여 확신하고 알아야 할 것은 우리는 종이 아니라는 것입니다. 이제 더 이상 종으로 살아서는 안될 것입니다. 우리는 하나님의 아들이요, 하나님으로 말미암아 그 유업을 받을 자게 되었습니다.

묵 상

01 믿음이 오기 전에 유대인에게 율법은 어떠한 역할을 하였습니까?

02 믿음이 온 후로 유대인과 이방인은 차별이 있습니까?

03 믿음이 온 후로 변화는 무엇인지 함께 나누어봅시다.

되새김

율법 아래에 있는 자들은 이방인이 아닌 유대인으로서 그들은 믿음이 오기 전에
갇힌 바 되었습니다. 그러나 율법 아래 나시고 율법 아래에 있는 자들을 속량하
신 그리스도를 말미암아 유대인들뿐만 아니라 모든 믿는 자들은 하나님의 아들
이 되었습니다. 율법 아래에 있는 자들은 율법으로 말미암아 심판을 받고 율법이
없는 자들은 율법 없이 망하나(롬 2:14) 믿음이 온 후로는 믿음으로 아들로서 유
업을 받을 자가 되는 것입니다.

P A R T

12

어찌하여 종 노릇 하려 하느냐
4장8~11절

Key Point

율법 아래에 종 노릇하던 자들이나(유대인) 본질상 하나님이 아닌 자들에게 종 노릇하던 모든 자들이(이방인) 아들의 영으로 아들이 되었습니다. 그러나 본질상 하나님이 아닌 자들에게 종 노릇 하던 자들이 아들이 되었으나 다시 율법 아래 종 노릇 하는 자들로 되돌아가는 것을 봅니다.

바울은 3장 1절에서 '어리석도다 갈라디아 사람들아'라고 하며 그들의 어리석음이 무엇인지에 관하여 책망하였습니다. 다음으로 3장 5-4장 7절의 말씀은 성경적인 예로 아브라함과 율법과 약속의 관계를 통해서 유대인에게 있어서 믿음이 오기 전에 믿음이 온 이후 변화와 율법의 역할과 그 목적에 관하여 알게 하였습니다. 이제 다시 말씀은 3장 1-5절의 대상으로 돌아옵니다. 이는 어리석은 것입니다. 유대인들도 이미 믿음이 온 이후에는 종되지 않음에도 불구하고 이방인들인 그들이 유대인들이 이전에 종되었음으로 다시 돌아가고자 하기 때문입니다.

1. 너희는 누구를 뜻합니까?(8절).

1차적으로 '너희'는 갈라디아 교인들을 뜻합니다. 본질적으로 이들은 이방인을 의미하는 것입니다. 이는 유대인과 대조적인 표현입니다.

2. '그 때'는 언제를 의미합니까?(8절)

'그 때'란 유대인들이 율법 아래에 있을 때, 곧 믿음이 오기 전을 의미합니다.

3. 갈라디아 교인들은 그 때에 누구에게 종노릇 하였습니까?(8절)

이방인들은 믿음이 오기 전에 하나님을 알지 못하여 본질상 하나님이 아닌 자들에게 종 노릇 하였습니다.

4. '이제는' 언제입니까?(9절)

믿음이 온 후입니다.

5. 이제는 어떠한 변화가 생겼습니까?(9절)

믿음이 온 후로는 이방인들도 하나님을 알 뿐 아니라 더욱이 하나님의 아신 바가 되었습니다. 하나님을 안다는 것은 참으로 이 땅에 속하지 않는 특권입니다. 하나님을 아는 것은 사람으로 말미암은 것이 아닌 하나님의 가르쳐 주심, 곧 계시로 말미암은 것이며 하나님을 안다는 것은 그 어떠한 것보다도 가장 큰 특권이라 아니할 수 없습니다. 그러나 이보다 더 큰 능력과 축복은 하나님께서 우리를 아신 바 된 것입니다. 하나님이 아시지 못하는 것이 없습니다. 하나님은 전지하신 분입니다. 이제 하나님께서 우리를 아신 바 되었다는 것은 하나님의 사랑을 의미합니다. 하나님과의 관계를 의미하는 것입니다. 이는 놀라운 축복입니다.

6. 갈라디아 교인들은 지금 누구에게 종노릇을 하려 합니까?(9절)

첫 번째 종 노릇은 본질상 하나님이 아닌 자들에게 종 노릇입니다. 이는 그들이 이방인으로 있을 때입니다. 그러나 이제 두 번째 종 노릇은 약하고 천박한 초등학문인 율법으로 돌아가서 종 노릇하고자 합니다. 이는 유대인들이 이전에 종 노릇하였던 바입니다. 이방인이 오히려 유대인들이 이전에 종 노릇 하였던 것에 다시 종 노릇하고자 한 것입니다.

율법에는 의롭게 할 능력이 없습니다. 믿음이 온 이후로 율법에 종 노릇 한다는 것은 아무 유익도 없으며 어리석으며 헛된 것입니다.

7. 날과 달과 절기와 해를 지킴은 무슨 의미입니까?(10-11절)

믿음으로 말미암은 것이 아니라 행위로 열심으로 삶을 의미하는 것입니다. 하나님의 구원과 성령은 우리의 열심으로 말미암은 것이 아니라 하나님의 은혜로 말미암은 것입니다. 아무도 자신의 행위로는 의롭다 함을 얻을 육체가 없는 것입니다.

묵상

01   유대인과 이방인은 각각 누구에게 종 노릇 하였습니까?

02   율법 아래 종 노릇 함이 믿음이 온 후에도 유익합니까?

03   바울의 두려움은 무엇이었습니까?

되새김

믿음이 오기 전에 유대인이 율법 아래에서 종 노릇하던 것과 믿음이 온 후로 이
방인이 율법 아래에서 종 노릇하는 것은 전혀 다른 의미가 됩니다. 곧 이미 그리
스도로 말미암아 율법 아래에 있는 자들을 속량하심으로 더 이상 율법 아래에 있
을 수 없는 것입니다. 결국 율법 아래로 돌아가 종 노릇함은 헛되고 어리석으며
바울은 복음을 전한 자신의 수고가 헛될까 두려워하였습니다.

PART

13

나와 같이 되기를 구하노라
4장12~20절

Key Point

이번 과에서는 갈라디아 교회를 향한 바울의 권면과 칭찬과 책망이 함께 어울려져 있습니다. 변심의 위기 가운데 있는 갈라디아 교회를 돌이키기 위한 사랑의 권면이요 칭찬이요 또한 책망의 말씀입니다.

이전의 말씀이 그들의 어리석음에 대한 책망의 말씀이었다면 이번 과는 보다 사랑의 말씀으로 권면합니다. 바울은 갈라디아 사람들을 향하여 '형제들아'라고 말함으로 자신의 유대인됨과 갈라디아 사람들의 이방인됨의 차별이 없습니다. 더 나아가 바울은 갈라디아 사람들을 향하여 '나의 자녀들아'라고 말함으로 더욱 사랑으로 대합니다. 그들은 바울을 위하여 할 수 있었더라면 눈이라도 빼어 주었을 만큼의 사랑이 있었던 사람들이었습니다. 그랬던 그들이 이제 잘못된 가르침과 잘못된 열심의 위기 가운데 있는 것입니다.

1. '형제들아 내가 너희와 같이 되었은즉 너희도 나와 같이 되기를 구하노라'는 말씀은 무슨 의미입니까?(12절)

바울은 이에 관하여 고린도전서 9장19-22절에서 다시 한 번 말합니다.

"내가 모든 사람에게서 자유로우나 스스로 모든 사람에게 종이 된 것은 더 많은 사람을 얻고자 함이라 유대인들에게 내가 유대인과 같이 된 것은 유대인들을 얻고자 함이요 율법 아래에 있는 자들에게는 내가 율법 아래에 있지 아니하나 율법 아래에 있는 자 같이 된 것은 율법 아래에 있는 자들을 얻고자 함이요 율법 없는 자에게는 내가 하나님께는 율법 없는 자가 아니요 도리어 그리스도의 율법 아래에 있는 자이나 율법 없는 자와 같이 된 것은 율법 없는 자들을 얻고자 함이라 약한 자들에게 내가 약한 자와 같이 된 것은 약한 자들을 얻고자 함이요 내가 여러 사람에게 여러 모습이 된 것은 아무쪼록 몇 사람이라도 구원하고자 함이니"(고전 9:19-22)

바울이 진정으로 원한 것은 이방인도 유대인도 아닌 자유자인 것입니다. 그리스도 예수 안에서 자유한 자가 되는 것입니다. 그러므로 그는 자유자로서 이방인들과 같이 될 수 있었습니다.

2. 갈라디아 교회를 향한 칭찬의 말씀들을 살펴봅시다(12-15절).

"너희가 내게 해롭게 하지 아니하였느니라"(12절)

"내가 처음에 육체의 약함으로 말미암아 너희에게 복음을 전한 것을 너희가 아는 바라 너희를 시험하는 것이 내 육체에 있으되 이것을 너희가 업신여기지도 아니하며 버리지도 아니하고 오직 나를 하나님의 천사와 같이 또는 그리스도 예수와 같이 영접하였도다"(13-14절)

"너희의 복이 지금 어디 있느냐 내가 너희에게 증언하노니 너희가 할 수만 있었더라면 너희의 눈이라도 빼어 나에게 주었으리라"(15절)

1. 해롭게 하지 아니함
2. 업신 여기지도 아니하고 버리지도 아니하고 하나님의 천사와 같이 또는 그리스도 예수와 같이 영접함
3. 눈이라도 빼어 줄 만한 사랑이 있음

바울의 육체의 연약함은 갈라디아 교회에 큰 시험거리가 아닐 수 없었습니다. 그러나 갈라디아 형제들은 바울을 업신여기지도 아니하며 버리지도 아니하고 오직 하나님의 천사와 같이 또는 그리스도 예수 같이 영접하였습니다.

바울에 대한 갈라디아인들의 사랑과 애정이 깊게 표현되고 있습니다. 즉 저들은 바울을 위하여 자신들의 눈이라도 빼어줄 수 있는 사랑과 애정으로 바울을 대하였습니다. 하나님의 사랑이 저 이방인들에게까지 전해지고 저들과의 사랑과 깊은 애정과 신뢰가 저희를 하나로 묶었습니다. 이전에는 세상을 향하여, 세상을 위하여 살던 인생들이 하나님의 사랑과 은혜 가운데 진실되고 참된 하나님의 사람들이 되었습니다. 바울은 비록 한 사람에 불가하다 하지만 그들에게 복음을 전하고 하나님의 복음의 사역을 하는 저 바울을 위해서라면 저들의 눈을 빼어주는 것이라도 전혀 아깝게 여기지 않았습니다.

3. 갈라디아 교회를 향한 책망의 말씀을 살펴봅시다(15-16절).
"너희의 복이 지금 어디 있느냐"(15절)
"그런즉 내가 너희에게 참된 말을 하므로 원수가 되었느냐"(16절)

우리는 본절 속에서 다만 갈라디아인의 복음적 희생과 섬김만을 보는 것이 아닙니다. 오히려 우리는 우리들의 진실되고 참된 신앙이라 할지라도 얼마나 쉽게, 얼마나 빨리 변하는지를 보는 것입니다. 곧 인생의 연약함은 우리들이 강한 그때에도 여전한 것입니다.

복음 안에서 진실되고 섬김이 있던 저들이 믿음을 저버리고 바울과 원수가 되었습니다. 바울과 갈라디아 교우들과의 관계가 금이 가고 깨어진 것은 무엇 때문입니까?

바울은 참말을 하였습니다. 바울은 진리를 선포하였습니다. 그러나 이와 같이 원수가 됨은 어찌 된 일입니까?

바울이 얼마나 비통해하고 있는지를 살펴보시기를 바랍니다. 그들은 그저 율법을 행하여야 한다고 단순히 생각했습니다. 그러나 그것은 결국 복음 안에서 원수가 되는 길이 되고 마는 것입니다. 바울은 갈라디아 교회를 향하여 '형제들아'라고 부르면서도 복음에 대해서는 서슴지 않고 저들이 '원수'된 위기 가운데 있음을 밝힙니다.

4. 열심에 대한 경고의 말씀을 살펴봅시다(17-18절).

좋은 일에 대하여 열심을 가지게 됨은 복이며 또한 은혜가 됩니다. 좋은 일에 가지는 인생의 열심과 이에 대해 사모하는 마음은 바울이 저 갈라디아 교인들을 대하였을 때뿐 아니라 언제든지 좋은 것입니다. 우리 인생이 살아가면 서로의 연약함을 채우며 서로에 대하여 섬기며 열심하는 것은 얼마나 아름다운 것입니까? 그러나 사람의 모든 열심이 선하고 좋을 리가 없습니다. 저희는 갈라디아 성도들을 향하여 열심하나 그 열심은 성도를 이간 붙여 도리어 저희에게 열심 내게 함인 줄 분별하여야 합니다.

5. 바울의 해산의 수고로움을 살펴봅시다(19절).

'형제들아!'라고 갈라디아 교회를 향하였던 바울은 이제 더 깊은 사랑과 애정의 말로써 '나의 자녀들아'라고 부릅니다. 이 한 마디의 부름 안에 갈라디아 교회를 향한 바울의 사랑이 얼마나 애절한지를 잘 알 수 있습니다. 비록 그들이 원수된 지경에 놓였다고 할지라도 그들을 향하여 포기할 수는 없습니다. 자녀를 향하여 포기하는 부모는 없는 것입니다.

나의 자녀들아라고 사랑과 애정으로 불렀던 바울은 이제 그들을 위하여 수고하였습니다. 수고가 없는 사랑은 거짓된 것입니다. 수고가 없는 사랑은 진실되지 못한 것입니다. 또한 우리가 알아야 할 한 가지가 있습니다. 우리의 사랑에는 수고가 뒤따르며 이 수고에는 명확한 목표가 있다는 것입니다. 잘못된 열심도, 무조건적인 열심도 아닌 이 수고로움에는 명확한 목표가 있는 것입니다. 그것은 바로 '그리스도의 형상'입니다. 이는 우리 모두가 사모하여야 할 모습입니다. 우리가 닮아야 하는 모습입니다.

바울은 이미 갈라디아 교회를 복음으로 낳았습니다.
"그리스도 안에서 일만 스승이 있으되 아버지는 많지 아니하니 그리스도 예수 안에서 내가 복음으로써 너희를 낳았음이라"(고전 4:15)

그러나 그는 갈라디아 교회의 이같은 위기 속에서 그들을 위하여 다시 해산의 수고를 하는 것입니다.

6. 바울이 언성을 높이려 함의 이유는 무엇입니까?(20절)

바울의 의심은 성도를 살피는 사랑의 관심이며 이제 갈라디아 교회에게 이토록 모질게 질타하는 이유는 그들을 미워함도 아니요 이러한 안타까움에 근거한다는 것을 밝히고 있습니다. 사람이 사는 것은 믿음으로 사는 것이며 우리들의 열심도 이러한 믿음 안에서 열심이어야 할 것입니다. 그러나 갈라디아 교우들은 믿음 안에서의 열심을 저버리고 사람들의 헛된 말에 빠져 다만 저들을 위한 열심으로 사는 삶을 사는 것입니다.

바울은 갈라디아 교회가 서 있는 것을 위기라고 진단하고 있습니다. 바울은 이제 언성을 높이고 있습니다. 비록 겸손한 자와 같은 바울이라 할지라도 그는 복음에 관해서는 날을 세우고 또한 저주를 마다하지 않았으며 어리석다 책망하며, 그들이 이제는 원수된 자로서 서 있음에 관하여 언성을 높입니다.

묵상

01   바울이 이야기하는 '나와 같이'는 어떠한 사람입니까?

02   갈라디아 교회를 향한 칭찬과 책망이 주는 교훈은 무엇입니까?

03   바울의 해산의 수고에 관하여 나누어봅시다.

되새김

바울은 명확한 목표를 가지고 있었고 또한 이를 위하여 수고하였으며 또한 잘못된 위험과 위기가 무엇인지를 분별하였습니다. 우리는 우리의 사역에 있어 명확한 목표가 무엇이며 이를 위한 위험과 위기가 무엇이며 또한 이를 위하여서 필요되는 수고가 있음을 알아야 합니다.

PART

14

하갈과 사라
4장21~31절

Key Point

바울은 하갈과 사라를 통해서 율법과 약속으로 말미암는 종과 자유자에 관하여 설명합니다. 종과 자유자는 그들의 신분에서, 낳은 방법에서, 그 결과에서 각기 다른 모습을 보입니다.

본문 이해

'율법을 듣지 못하였느냐'(갈 4:21)
'그러나 성경이 무엇을 말하느냐'(갈 4:30)

갈라디아서 3-4장은 본론의 두 번째 큰 단락으로 성경을 통해서 이신득의 교훈을 주십니다. 갈라디아 사람들을 책망하고 아브라함과 약속과 율법을 통해서 이신득의를 교훈한 바울은 유대인의 입장에서 약속과 율법의 관계를 통해서 믿음 이후에 그들이 율법의 종에서 자유케 되었음을 밝힙니다. 이제 다시 갈라디아 사람들을 책망하는 것은 믿음이 온 이후로 유대인들도 종에서 자유케 되었는데 이방인인 갈라디아 사람들이 다시 율법의 종이 되고자 하기 때문입니다. 바울은 갈라디아 사람들을 책망하는 가운데에도 그들의 칭찬하며 권면하며 마지막으로, 이번 단락에서는 하갈과 사라라는 성경적인 예로 율법 아래 있고자 하는 자들은 자유자가 아닌 종된 자임을 밝힙니다.

1. 율법 아래에 있고자 하는 자들은 무엇을 들어야 합니까?(21절)

율법을 의지하는 자들은 사실은 율법의 바른 교훈조차 알지 못하는 것입니다. 바울은 이제 그들이 의지하고자 하는 율법을 교훈함으로 저들의 변명의 여지가 없게 합니다.

2. 아브라함의 두 아들은 각각 누구에게서 낳습니까?(22-23절)

아브라함의 두 아들 이스마엘과 이삭은 각각 여종과 자유 있는 여자에게서 난 자녀들입니다. 이스마엘은 하갈의 아들로서 종의 아들이므로 그는 종됨을 나타내는 것이나 사라에게서 난 이삭은 자유하는 여자에게서 난 자녀이므로 자유자임을 밝힙니다.

22절은 종과 자유로 두 여인과 두 자녀를 대비하였고 23절은 육체와 약속으로 두 여인과 두 자녀를 대비합니다. 유대주의자들은 자신들이 아브라함의 자손으로 선택받은 민족이므로 이방인들이 먼저 자신들과 같이 되기 위해서는 할례라는 과정을 통해서 유대인과 같이 되어야 한다고 주장하였습니다. 그러나 이제 바울은 그들의 주장하는 무기를 무력하게 만듭니다. 이삭은 선택받은 민족으로서가 아닌 약속의 자녀이며 그들의 주장은 오히려 육체를 따라 난 이스마엘에 가깝다는 것입니다.

3. 두 여인들을 통한 두 언약을 살펴봅시다(24-28절).

이제 이 여자들은 두 언약을 대표합니다. 먼저 종되며 육체를 따라 그 자녀를 낳은 여인은 시내 산으로부터 종을 낳은 자와 같습니다. 시내 산은 하나님의 율법이 주어진 곳으로 율법을 따르고자 하는 자들은 율법의 종이 됩니다. 하갈은 시내 산을 대표합니다. 또한 하갈은 시내 산뿐만 아니라 예루살렘을 나타내기도 합니다. 예루살렘은 율법을 중심으로 한 유대인들의 모든 체계를 대표합니다. 그러나 사라는 위에 있는 예루살렘으로, 자유자로 우리 어머니가 됩니다. 바울은 28절에서 '형제들아 너희는 이삭과 같이 약속의 자녀라' 하였습니다. 이는 이전에는 이방인이었던 자들을 향한 말씀으로 매우 파격적인 말씀입니다. 그러나 이는 바로 복음의 진리입니다. 복음은 유대인과 이방인의 장벽과 차별을 헐고 같은 약속의 자녀가 되게 하는 것입니다.

4. 육체를 따라 난 자가 성령을 따라 난 자를 박해함을 살펴봅시다(29–31절).

이삭이 태어나 자라서 젖을 떼고 이삭이 젖을 떼는 날에 아브라함이 큰 잔치를 베풀었으나 사라는 아브라함의 아들 애굽 여인인 하갈의 아들이 이삭을 놀리는 것을 보았습니다. 이에 사라는 아브라함에게 이 여종과 그 아들을 내쫓으라 이 종의 아들은 내 아들 이삭과 함께 기업을 얻지 못하리라하였습니다. 아들의 일로 근심하는 아브라함에게 하나님께서 이와 같이 말씀하셨습니다. "사라가 네게 이른 말을 다 들으라 이삭에게서 나는 자라야 네 씨라 부를 것임이니라"(창 21:12) 이는 곧 약속을 따라 믿음으로 말미암은 자들을 의미하는 바가 되는 것입니다.

구절	구분	옛언약 (율법)	새언약 (복음)	비교
24절	아브라함의 두 아내	하갈	사라	율법의 기원은 종의 위치에 있는 모세이나, 복음은 본부인과 같은 그리스도를 기원으로 한다.
22절	신분	계집 종	자유하는 여자	하갈이 사라에게 속한 것과 같이 율법은 복음에 종속된다.
28절	아브라함의 두 아들	이스마엘 (자연적 출생)	이삭 (초자연적 출생)	율법은 종속된 자를 생산하나 복음은 자유한 자를 낳는다.
23절	신분	종	약속의 자녀	복음은 언약의 본질이나 율법은 복음을 섬기는 위치에 머문다.
25-26절	장소	지상의 예루살렘	천상의 예루살렘	율법은 인간을 영원히 속박하나 복음은 인간을 영원히 자유케 한다.
29절	방법	육체	성령	율법은 인간적인 노력이 요구되나 복음은 성령의 감동하심에 기인한다.
30절	결과	추방	유업 상속	율법으로는 구원을 이룰 수 없으나 복음은 구원을 이룬다.

묵 상

01 종과 자유자의 차이에 관하여 설명하여 봅시다.

02 누가 종이며 누가 자유자입니까?

03 자유는 무엇으로부터의 자유입니까?

되새김

자유는 일반적인 의미에서의 자유가 아닌 율법으로부터의 자유입니다. 그러므로 다시 율법 아래에 있고자 하는 자들은 이 자유로움에서 다시 종됨으로 되돌아가는 것입니다. 종은 결국 유업을 얻지 못함을 기억할 때에 우리는 종이 아닌 자유자가 되어야 하는 것입니다.

갈라디아서

제4부

본론 3: 이신득의의 적용

(5장-6장10절)

PART

15

자유를 위한 부르심
5장1~15절

Key Point

만일 할례를 받아 이방인으로서 구원을 얻기 위하여 유대인이 되고자 하는 자가 있다면 이 사람은 그리스도와 아무런 상관이 없는 사람입니다. 그리스도의 희생이 이 사람에게 는 아무런 유익도 없는 것입니다. 더 나아가 그는 자유를 잃고 다시 종의 멍에를 메는 것 입니다.

　갈라디아서 5장-6장10절의 말씀은 본론의 마지막 세 번째 큰 단락으로 바울의 행적을 통한 이신득의, 성경을 통한 이신득의에 이어 이신득의의 적용의 삶에 관하여 전합니다. 이신득의를 적용한 자의 삶은 자유자의 삶이며, 성령으로 말미암는 삶이며, 사랑과 용서의 삶이며, 심음의 삶입니다. 이제 이 첫 번째는 자유자의 삶입니다.

　갈라디아서는 자유의 대헌장이라고도 이야기합니다. 이는 종됨에서 자유를 선포하기 때문입니다. 아브라함의 예는 믿음으로 말미암은 의를 전하며 율법과 약속을 통해서 믿음이 온 이후에는 유대인들을 자유케 하였고 이방인들 또한 이전에는 하나님 아닌 자들에게 종 노릇하더니 같은 믿음으로 자유케 되었습니다. 하갈과 사라를 통해서 말씀하시는 바 그들의 육체와 혈통으로 말미암은 것이 아닌 믿음으로 말미암는 자들은 이삭과 같이 약속의 자녀들이며 종됨에서 자유케 된 자들입니다. 그러므로 이전에 율법 아래 종되었던 자들이나 하나님을 알지 못하여 본질상 하나님이 아닌 자들에게 종노릇하던 자들이나 그리스도께서 주신 자유를 굳게 붙잡아야 할 것입니다. 이제 이 자유는 참된 자유로 오직 사랑으로 서로 종 노릇 하는 자유입니다.

■ 갈라디아서 5장의 구조적 이해

　갈 5:1-15: 자유를 위한 부르심

　갈 5:16-21: 육체의 일

　갈 5:22-26: 성령의 열매

1. 그리스도께서 자유를 주심을 살펴봅시다(1절).

　종의 멍에는 무엇입니까? 종의 멍에는 행위로 말미암아, 육체로 말미암아 구원을 얻는다고 생각하고 이와 같이 의지하고, 행동하는 모든 것을 의미하는 것입니다. 우리는 약속을 따라 믿음으로 말미암아 구원을 받는 자유인이 됨 위에 굳건하게 서야 합니다. 그리고 다시는 종의 멍에를 메어서는 안됩니다.

　우리를 자유케 하신 이는 그리스도입니다. 우리는 스스로 자유케 된 것이 아닙니다. 우리는 저절로 자유케 된 것도 아닙니다. 오직 우리들에게 자유를 주신 분이 있는 것입니다. 곧 그리스도께서 우리를 자유롭게 하려고 자유를 주셨습니다. 이는 단지 아무런 대가 지불도 없는 선물이 아닙니다. 그리스도께서 우리들에게 자유를 주시기 위하여 하셨던 일들을 우리는 알아야 하며 또한 기억하는 바가 되어야 합니다.

　"때가 차매 하나님이 그 아들을 보내사 여자에게서 나게 하시고 율법 아래에 나게 하신 것은 율법 아래에 있는 자들을 속량하시고 우리로 아들의 명분을 얻게 하려 하심이라"(갈 4:4-5)

우리로 율법에서 자유케 하시는 것은 속량하심으로 말미암아 이루어진 것입니다. 속량은 곧 값을 지불하고 사심을 의미하는 것입니다. 곧 그리스도의 피로 값주고 사신 바 된 것입니다. 우리는 값없이 주어진 은혜를 값지게 여겨야 하는 이유가 여기에 있습니다.

2. 만일 할례를 받는다면 이는 어떠한 의미가 있습니까?(2-4절)

1) 그리스도께서 우리와 아무 유익이 없습니다.

만일 구원을 위하여 행위를 의지한다면 그 사람에게는 그리스도의 십자가의 죽음을 통한 희생과 그로 말미암은 은혜와 아무 상관이 없는 것입니다. '보라 나 바울은 너희에게 말하노니...' 바울은 선언합니다. 만일 할례를 받아 이방인으로서 구원을 얻기 위하여 유대인이 되고자 하는 자가 있다면 이 사람은 그리스도와 아무런 상관이 없는 사람이 됩니다. 그리스도의 희생이 이 사람에게는 아무런 유익도 없는 것입니다.

2) 그는 율법 전체를 행할 의무를 갖습니다.

구원을 위하여 할례를 받는 자는 이제 은혜로 말미암은 구원이 아닌 자신의 행위로 말미암은 구원을 구하니 이러한 사람들은 율법 전체를 행할 의무를 가지게 됩니다. 율법을 통해서 구원을 얻기 위해서는 율법 전체를 다 행하여야 구원을 얻는 것입니다. 그러므로 율법은 저주가 됩니다. 율법은 본래 선한 것이나 율법 앞에 인생은 그 죄가 드러나고 그 죄 가운데 사단이 역사함으로 결국 율법은 그것을 지킬 수 없는 인생에게는 저주가 됩니다. 우리는 율법을 의지하지 않습니다. 우리는 그리스도의 보혈을 의지합니다. 그리스도의 보혈은 율법 아래 있는 자들을 은혜 아래 있게 합니다. 율법의 저주를 무력하게 합니다.

3) 그리스도에게서 끊어집니다.
4) 은혜에서 떨어진 자입니다.

3. 성도의 믿음이 가지는 소망과 사랑을 살펴봅시다(5-6절).

첫째, 믿음은 의의 소망을 가지게 합니다. 우리의 소망은 우리의 행위로 말미암은 것이 아닙니다. 우리가 의의 소망을 갖는 것은 성령으로 믿음을 따른 것입니다. 죄는 죽음과 지옥 형벌을 가져왔지만, 의는 영생과 천국을 가져다줍니다. 그것이 의의 소망입니다. 주 예수 그리스도께서는 십자가 위에서 죽으시고 삼일 만에 다시 사심으로 우리에게 의가 되셨습니다. 누구든지 저를 믿으면 의롭다 하심을 얻고 영생을 얻고 천국에 들어가는 것입니다.

둘째, 믿음은 사랑으로써 역사합니다. 할례를 받았다 함도 아무 유익이 없으면 할례를 받지 않은 것도 자랑이 될 수 없는 것입니다. 오직 사랑으로써 역사하는 믿음뿐입니다. 우리에게 의롭다 함을 주며 구원의 효력을 주는 것은 오직 '믿음' 뿐인데 바울은 이 믿음에 대해서 '사랑으로써 역사하는 믿음'이라고 언급하였습니다. 믿음은 사랑으로 역사하기 때문입니다. 우리가 소유한 믿음의 뿌리는 사랑에 있습니다. 사랑이 믿음을 이루고 있는 것입니다. 하나님은 사랑으로 그의 아들을 보내시어 십자가에서 속죄케 하심으로 우리에게 믿음을 가지게 하셨습니다. 이같은 사랑이 없다면 믿음이 역사할 수 없었을 것입니다. 하나님의 사랑으로 우리는 믿음을 가지게 되었습니다. 우리는 이 하나님의 사랑을 전함으로 많은 사람들로 믿음을 가질 수 있도록 해야 할 것입니다.

4. 달음질 신앙에 관하여 살펴봅시다(7절).

갈라디아 교인들은 달음질을 잘하고 있었습니다. 달음질을 잘했다는 말은 소망 가운데 올바른 신앙생활을 잘하고 있었다는 뜻입니다. 바울은 우리의 신앙생활을 하나의 달음질에 비유해서 말해 줍니다.

"운동장에서 달음질하는 자들이 다 달아날지라도 오직 상 얻는 자는 하나인 줄을 너희가 알지 못하느냐 너희도 얻도록 이와 같이 달음질하라"(고전 9:24)

누가 달음질을 잘합니까?

① 올바른 목표를 향하여 달려가는 달음질이 잘하는 달음질입니다. 달음질에는 목표점이 있게 마련입니다. 달음질하는 사람이 그 목표점이 아닌 다른 길로 달음질한다면 그것은 헛된 달음질이 아닐 수 없습니다. 그래서 바울은 "내가 달음질하기를 향방 없는 것 같이 아니한다"라고 했습니다. 이 길은 믿음의 길입니다. 믿음의 길이 아닌 길은 아무리 잘 달려도 향방 없이 달려가는 달음질이요 허공을 치는 것 같은 달음질입니다. 예수님이 내가 길이라고 하신 말씀은 우리가 달려갈 믿음의 길

이 되신다는 의미가 됩니다.

② 진리를 굳게 잡고 달려가는 달음질을 잘해야 합니다. 믿음의 길은 진리의 길입니다. 진리가 믿음의 길을 밝게 비춰어 줍니다. 진리를 떠나면 이미 믿음의 길에서 떠난 달음질이 됩니다. 에베소서 6장14절에서 '진리로 너희 허리띠를 띠라'고 말씀해 주고 있습니다. 우리의 속사람의 허리를 진리의 띠로 단단히 동일 때, 달음질을 잘할 수 있는 것입니다.

③ 상을 바라보면서 달려가야 달음질을 잘할 수 있습니다. 바울의 달음질은 이 상을 좇아가는 일로 그의 달음질을 달려갔다고 말씀해 줍니다. 빌립보서 3장13-14절에서 이처럼 말씀해 줍니다.

"형제들아 나는 아직 내가 잡은 줄로 여기지 아니하고 오직 한 일 즉 뒤에 있는 것은 잊어버리고 앞에 있는 것을 잡으려고 표대를 향하여 그리스도 예수 안에서 하나님이 위에서 부르신 부름의 상을 위하여 좇아가노라"(빌 3:13-14)

바울이 이 달음질에 성공할 수 있었던 것은 바로 이같은 위의 상을 바라보면서 달려갔기 때문입니다.

갈라디아 교인들은 처음에 이같은 달음질을 잘했으므로 바울이 그 사실을 인정하고 있습니다. 그런데 그들의 이 달음질을 막는 자가 나타난 것입니다. 그 결과 그들은 어떻게 되었습니까? '진리를 순종치 않게 하였다'고 했습니다. 우리의 달음질에 고장이 난 것을 진단할 수 있는 방법은 바로 진리를 순종치 않게 된 사실을 보아야 합니다. 잘못된 가르침은 언제나 우리들로 진리를 거스르게 합니다. 그들의 목적이 바로 그곳에 있기 때문입니다. 사탄은 언제나 그리스도인들이 가지고 있는 가장 값진 보화인 진리를 빼앗기 위해 거짓된 교훈으로 가까이 옵니다. 갈라디아 교회에 나타난 거짓 선생들은 할례를 가지고 들어와 갈라디아 교인들로 다시 율법의 종으로 삼기 위해 미혹했습니다.

5. 진리를 순종하지 못하게 하는 자들의 권면을 경계해야 하는 네 가지 이유를 살펴봅시다(7-9절).

1. 성도의 달음질을 막습니다.
2. 진리를 순종하지 못하게 합니다.
3. 우리를 부르신 이에게서 난 것이 아닙니다.

아무리 사랑스런 권면이라 할지라도 그것이 누구로부터 나왔는가 분별하여야 할 것입니다. 믿지 않는 이방인들이 할례를 받아야 한다는 권면은 우리를 부르신 이의 권면이 아닙니다. 할례를 받지 아니한 이방인들이 할례를 받아야 한다는 것은 오늘날 우리들에게 율법을 행함으로 말미암은 구원임을 분별하여야 할 것입니다. 우리의 구원은 행위에 있는 것이 아니라 믿음으로 말미암은 것입니다.

4. 누룩과 같습니다.

잘못된 교훈은 '누룩'과 같습니다. 작게 보일지라도 적은 누룩이 온 덩이에 퍼지듯이 잘못된 교훈, 잘못된 말과 권면은 온 교회를 부패시키고 변질시킵니다. 그러므로 우리는 교회 안에 들어온 이단 사상을 비록 그것이 작은 오류일지라도 작게 여기지 말고 적극적으로 대처해야 합니다.

6. 갈라디아 교회를 향한 바울의 확신은 무엇입니까?(10절)

바울은 갈라디아 교회가 아무 다른 마음을 품지 아니할 줄을 주 안에서 확신하였습니다. 갈라디아 교인들이 참으로 예수 그리스도의 양들이라면, 즉 그들이 참으로 하나님의 선택을 받았고 예수 그리스도의 피로 구속받았고 성령으로 거듭난 자들이라면, 그들은 바울이 다시 강조하는 바른 복음 진리의 교훈에 귀를 기울일 것입니다. 그러나 그들을 요동케 하는 자들은 하나님께 심판을 받을 것입니다.

7. 바울이 지금까지 박해를 받은 이유는 무엇입니까?(11-12절)

바울이 지금까지 박해를 받은 것은 할례를 전한 것이 아니라 십자가를 전하였기 때문입니다. 곧 행위로 말미암은 구원을 전한 것이 아니라 십자가로 말미암은 믿음으로 말미암은 구원의 바른 복음을 전하였기 때문입니다. 만일 할례를 전하였다면 저들에게 항상 방해가 되는 십자가의 걸림돌이 제거되었을 것입니다. 결국 십자가를 제거한다는 것은 그리스도교 자체를 부정하는 것과 다를 바가 없는 것이 되는 것입니다.

8. 할례를 전하는 자들에 대한 바울의 저주를 살펴봅시다(12절).

　풍자적이나 의미 깊게 바울은 할례를 전하는 자들을 저주합니다. 곧 바울은 할례를 전하는 자들은 스스로를 베어 거세되기를 원하였습니다. 곧 이로써 바울은 그들에 대한 저주뿐만 아니라 이로 말미암아 더 이상 종된 자녀들을 생산치 못하기를 바란 것입니다.

9. 세 가지 종 노릇에 관하여 살펴봅시다(13-15절).

1. 하나님 아닌 자들에게 종 노릇
2. 약하고 천박한 초등학문으로 돌아가 다시 그들에게 종 노릇
3. 사랑으로 서로 종 노릇

묵상

01 그리스도께서 주신 자유에 관하여 나누어봅시다.

02 사랑과 믿음과 소망의 관계를 나누어 봅시다.

03 나의 삶의 달음질에 관하여 나누어 봅시다.

되새김

할례를 통해서 율법의 행위를 의지하는 자는 그리스도와 아무런 상관이 없는 자가 됩니다. "그 때에 내가 그들에게 밝히 말하되 내가 너희를 도무지 알지 못하니 불법을 행하는 자들아 내게서 떠나가라 하리라"(마 7:22-23) 이와 같은 가르침은 결국 달음질을 막으며, 누룩과 같은 마음의 부패함을 가지고 오며, 우리로 요동케 하는 것이며, 십자가를 걸림돌로 삼아 제거하는 것입니다. 곧 할례를 통한 행위 구원은 그리스도교가 아닌 또 다른 종교의 창시일 뿐입니다.

PART

16

육체의 일
5장16~21절

Key Point

율법의 멍에, 종된 멍에를 벗은 자는 이제 사랑으로 종 노릇하는 참된 자유로움을 가지게 됩니다. 그러나 여전히 믿음 안에서의 삶은 육체의 욕심이 남아 있습니다. 믿음의 삶은 성령의 따라 행할 때에만 승리함이 있습니다. 이번 과에서는 성령을 따라 행할 것과 육체의 일의 목록을 정리하고 있습니다.

이전 과까지의 말씀은 종됨과 자유됨에 관한 말씀이었습니다. 이제 이번 과는 새로운 주제를 전합니다. 이신득의의 두 번째 삶으로 이는 성령으로 말미암은 삶입니다. 믿음으로 말미암는 의와 믿음이 온 이후의 자유됨에서 이제 더 나아가 믿음의 삶은 성령으로 말미암는 삶이 됩니다. 그러나 이러한 성령으로 말미암는 삶은 육체의 욕심과 소욕으로 말미암아 방해를 받습니다. 성령으로 말미암은 삶과 열매 이전에 먼저 육체의 일에 대한 경계함을 가져야 합니다. 율법과 약속은 대립적이지 않고 조화로울 수 있지만 육체와 성령은 결코 조화로울 수 없습니다.

1. 육체의 욕심을 이루지 않는 방법은 무엇입니까?(16절)

육체의 욕심을 이루지 않기 위해서는 육체의 욕심을 금함과 절제함으로 이김으로 되는 것이 아니라 오직 성령을 따라 행함으로 말미암는 것입니다.

2. 육체의 소욕과 성령의 대립적인 구도를 살펴봅시다(17절).

"육체의 소욕은 성령을 거스르고 성령은 육체를 거스르나니 이 둘이 서로 대적함으로 너희가 원하는 것을 하지 못하게 하려 함이니라"(17절)

3. 성령을 따라 행할 때에 3가지 유익함을 살펴봅시다(16-18절).

1. 성령을 따라 행하라 그리하면 육체의 욕심을 이루지 아니하리라
2. 육체의 소욕은 성령을 거스르고 성령은 육체를 거스르나니 이 둘이 서로 대적함으로 너희가 원하는 것을 하지 못하게 하려 함이니라
3. 너희가 만일 성령의 인도하시는 바가 되면 율법 아래에 있지 아니하리라

4. 육체의 일의 특징은 무엇입니까?(19-21절)

1. 육체의 일은 분명합니다.
2. 하나님 나라를 유업으로 받지 못합니다.

이는 육체의 일의 구체적인 본문의 처음(19절)과 마지막(21절)을 장식하고 있음에 큰 의미가 있습니다. 육체의 일의 아주 중요한 외적인 특징을 분명하게 못 박고 있는 것입니다.

3. 육체의 일은 열매가 아닙니다.

육체의 일은 앞으로 소개되는 성령의 열매와 대조적으로 열매가 아닌 '일'이라고 하였습니다. 이는 육체의 일이 참된 열매가 되지 못함을 교훈하는 것입니다. 성도는 열매를 맺는 자가 되어야 합니다.

5. 육체의 일은 무엇입니까?(19-21절)

① 음행 ② 더러운 것 ③ 호색 ④ 우상 숭배 ⑤ 주술

⑥ 원수 맺는 것 ⑦ 분쟁 ⑧ 시기 ⑨ 분냄 ⑩ 당 짓는 것 ⑪ 분열함

⑫ 이단 ⑬ 투기 ⑭ 술 취함 ⑮ 방탕함

이와 같은 15가지의 육체의 일에 대한 목록은 '음란'과 '우상 숭배', '싸움'과 '술 취함'으로 네 가지 부류로 나누어질 수 있습니다. 그러나 다바르 말씀교재에서는 '음란'과 '우상숭배'를 하나로 간주합니다. 곧 '음란'이 육적인 간음이라며, '우상숭배'는 영적인 간음입니다. 더 나아가 이와 같이 분류함은 '음란'은 영적인 것으로 하나님과의 관계 속에서 살펴보기 때문입니다. 곧 음란은 개인적인 영역이 아닌 대신관계로 살피며, '싸움'은 대인관계, '술 취함'은 대자관계로 살펴봅니다.

대신관계	① 음행 ② 더러운 것 ③ 호색 ④ 우상 숭배 ⑤ 주술 (vs 성령의 열매: 사랑 희락 화평)
대인관계	⑥ 원수 맺는 것 ⑦ 분쟁 ⑧ 시기 ⑨ 분냄 ⑩ 당 짓는 것 ⑪ 분열함 ⑫ 이단 ⑬ 투기 (vs 성령의 열매: 오래 참음 자비 양선)
대자관계	⑭ 술 취함 ⑮ 방탕함 (vs 성령의 열매: 충성 온유 절제)

1) 음행

음행은 성적인 부도덕이라 할 수 있습니다. 음행은 불법적인 모든 형태의 성적인 관계를 뜻합니다. 이는 금지된 성적인 관계나 그런 행위를 돕고 즐기게 하는 모든 직간접의 모든 행위를 포함합니다.

2) 더러운 것

세상에 얼마나 더러운 것들이 많이 있습니까? 더러운 말과 행동들이 있습니다. 더러움은 사단의 성품이며 사단의 특징입니다. 이 더러운 것은 직접적으로 성적인 것에 관련되지는 않았지만 첫 번째 음행과 세 번째 호색함에 끼어 있어 강하게 성적인 것과 관련됨을 보여줍니다. 음행이 어떠한 잘못된 행위를 강조하고 있다면 더러운 것은 그 내면이 마음의 것까지 드러내는 것입니다. 하나님께서는 우리들의 마음을 보십니다. 우리들의 중심을 보십니다.

3) 호색

말씀은 음행과 호색과 구분하였습니다. 이는 마치 죄악의 절친한 친구와 같은 것들입니다. 호색이라는 것은 무엇일까요? 음행은 외적 행위이며, 더러운 것이 내적인 부패라고 한다면 이제 호색은 통제가 상실된 음욕이며, 성적인 죄에 대한 탐닉입니다. 수치감이 상실되고 죄됨에 관하여 무감각해져 멸망으로 나아가게 됩니다.

이러한 음란함으로 자신이 철저하게 망가지는 모습을 봅니다. 그러나 더 심각한 것은 이러한 음란함은 결코 개인적인 영역에서 머물지 않는다는 것입니다. 호색은 다음으로 우상숭배와 연결되고 있습니다.

4) 우상숭배

우상숭배는 영적인 행음에 속한 것입니다. 모든 인생은 하나님 앞에 나아오기 전까지 이 우상 숭배의 죄악 가운데 있습니다. 십계명 제2계명에 속하는 우상 숭배의 문제는 얼마나 큰 죄인지 알지 못해서는 안 됩니다. 우상숭배는 다른 신을 섬기는 것만을 의미하지 않습니다. 하나님을 대신하는 그 무엇을 만들고 하나님처럼 섬기는 모든 것을 의미하는 것입니다.

5) 주술

우상 숭배는 다른 신을 섬긴다면 주술적인 행위는 영적인 교감을 통해서 자신의 삶의 유익을 끼치기 위한 것입니다. 그러나 이 모든 행위는 하나님 앞에 가증한 것임을 잊지 말아야 할 것입니다.

이 처음 다섯 가지가 가르치는 것은 무엇입니까? 육신의 것들은 하나님이 아닌 것들을 사랑하는 것입니다. 탐닉하는 것입니다. 그것은 더러운 것이며 우상숭배이며, 주술인 것입니다.

6) 원수 맺는 것

육체의 일에 두 번째 부류에 속한 것들의 첫째가 원수를 맺는 것입니다. 곧 원수를 맺는 것이 모든 관계를 파괴적으로 가지고 오는 것입니다.

7) 분쟁

분쟁 또한 육적인 일입니다. 서로가 다투는 일들은 그 안에 있는 증오에 대한 결과가 됩니다. 원수를 맺음에서 분쟁이 나오는 것은 너무나 자연스러운 이치입니다.

8) 시기

시기는 이기심으로 말미암습니다. 시기는 끝없는 타락한 경쟁을 가지고 옵니다.

9) 분냄

분냄은 증오에 대한 자기 통제를 잃어버리고 폭발한 것입니다. 시기가 마치 내적으로 끓는 것이라면 분냄은 마치 화산이 폭발하듯 통제되지 않는 시기와 증오가 분출된 결과라 할 수 있는 것입니다.

10) 당 짓는 것

당 짓는 것은 다른 말로 하면 누군가를 소외시키는 것입니다. 더 나아가 누군가를 정죄하고, 비난함으로 자신의 정체성을 가지는 것입니다. 연합은 좋은 말이지만 당을 짓는 것은 결코 좋은 말이 아닙니다. 자신의 그릇된 행위에서 대해 회개하고 돌이키려 하기보다는 그러한 부류들이 서로 당을 지음으로 스스로 옳다 하는 것입니다.

11) 분열함

분열은 일체와 화합을 깨는 것을 의미하는 것입니다. 육체의 일은 결국 분열의 내재된 특징을 가지고 있습니다. 잠시 죄악으로 말미암아 하나 된다고 할지라도 육적인 것의 특징은 바로 이 분열함에 있는 것입니다.

12) 이단

여기서 이단이란 정통적인 교리에 반한 집단을 의미하는 것이 아닌 자신의 입장만을 옳다고 주장하여 분쟁과 다툼을 일삼는 자들을 의미하는 것입니다. 분열은 사라지는 것이 아니라 진리를 거스르는 또 다른 강력한 집단을 만드는 것입니다. 분열 속에서 더 강력한 추종 세력을 모으게 되어 당파보다 더 강력한 응집력을 가집니다.

13) 투기

이는 남이 받는 것들을 자신의 것으로 삼으려는 이기적인 욕망으로 시기가 더 발전된 형태입니다. 남을 것을 투기함으로 빼앗으려 함에는 여러 가지 다른 죄악들이 연루되게 됩니다. 시기가 더 적극적으로 외적으로 나타나는 것입니다.

특별히 사람과의 관계에 있어서는 무려 8가지나 나열하고 있음을 알아야 합니다. 만일 이 땅을 살면서 육신의 일을 행한다면 가장 많은 일이 어디에서 이루어질까요? 바로 사람들과의 관계 속에서 있음을 명심하여야 할 것입니다.

14) 술 취함

육체의 일에 해당되는 세 번째 부류는 술 취함입니다. 술 취함은 방탕함으로 가는 문입니다. 이는 단순히 술 취함만을 의미하는 것이 아닌 자기 절제의 상실입니다.

15) 방탕함

하나님께서 주신 삶의 의미와 목적을 상실하고 방황하고 자신에게 주어진 것들을 마치 아무 가치 없는 것처럼 허비하고 맙니다. 이것이 바로 방탕함입니다. 귀한 것을 귀하게 여기지 않고, 하나님께서 주신 귀한 것들을 상실하고 살아가는 것입니다.

마지막 세 번째는 자기 자신관의 관계를 교훈합니다. 하나님이 아닌 것들에 취하여 살며 자신의 삶의 의미와 목적을 알지 못하는 것입니다. 이는 육체의 일입니다. 이제 우리들은 성령의 열매를 살펴보게 될 것입니다.

묵상

01 나는 어떻게 육체의 욕심을 이기며 살아가고 있습니까?

02 하나님께서 성령을 선물로 주신 이유는 무엇입니까?

03 나에게 해당되는 육체의 일은 무엇입니까?

되새김

육체의 일은 분명하고 하나님 나라를 유업으로 받지 못합니다. 이제 성도들의 삶에는 여전히 육체의 욕심이 있다는 것을 깨닫고 인정할 때에 더욱 힘써 성령을 따라 행하여야 할 것입니다. 만일 우리가 성령의 인도하시는 바가 되면 율법 아래에 있지 아니합니다. 육체의 욕심을 분별하고, 두 소욕의 거스름을 바라보고 성령의 인도하심을 받아야 할 것입니다.

PART

17

성령의 열매 1
5장22~26절

Key Point

성령의 인도하심을 받는 자들은 성령의 열매를 맺게 됩니다. 그리스도 예수의 사람들은
육체와 함께 그 정욕과 탐심을 십자가에 못 박은 자들이며 새 사람을 입어 성령의 인도하
심으로 살아가는 사람들입니다.

본문 이해

5-6장10절은 이신득의로 말미암은 믿음의 삶이 어떠한 삶인지에 관한 말씀입니다. 믿음의 삶은 자유자의 삶이며, 성령으로 말미암는 삶입니다. 이번 과로부터 네 과에 걸쳐 성령의 열매에 관하여 증거합니다.

성령께서 우리 안에 계심으로 우리는 열매를 맺는 사람이 되었습니다. 하나님께서 기뻐 받으시는 열매는 육체의 일이 아닙니다. 육체에 있는 자들은 육체의 일밖에 행할 수 없습니다. 그러나 믿음의 사람들은 성령께서 그 안에 내주 하시고 계심으로 성령의 열매를 맺을 수 있습니다. 하나님께서 기뻐 받으시는 열매는 성령의 열매입니다.

이제 이 성령의 열매의 증거는 온전하여야 합니다. 성령의 9가지 열매는 어느 한 가지 열매만 맺는 것이 아니라 이 9가지 열매가 골고루 맺어야 합니다. 사랑은 하는데 절제가 없다면 이것은 성령의 열매라고 하기 힘듭니다. 성령은 우리들로 하여금 모나게 하는 것이 아닙니다. 성령은 우리들로 하여금 치우치게 하시는 것이 아닌 온전하게 하시는 것입니다. 그러므로 우리는 전체적으로도 온전한 열매를 맺어야 합니다.

사람의 얼굴도 균형이 잘 잡힐 때에 이쁘고 아름답게 됩니다. 우리의 외적인 모습 속에서도 균형과 온전함이 있어야 하듯 성령의 9가지 열매들 또한 온전함이 있어야 합니다.

성령의 열매는 내적인 열매입니다. 이 성령의 열매는 바로 우리들의 인격 속에서 나타나게 되며, 우리의 기질을 온전하게 합니다. 우리의 기질은 그 자체로서 나쁜 것이 아닙니다. 그러나 성령의 9가지 열매로 말미암을 때에야 빛나게 되는 것입니다. 그 사람의 기질이 힘든 것이 아니라 그 기질이 아름답게 세워지지 않음으로 힘이 든 것입니다.

1. 성령의 열매의 특징은 무엇입니까?(23절)

23절에 금지할 법이 없다고 하였습니다. 세상의 모든 잘못된 것들은 금지하게 됩니다. 그러나 성령의 열매는 금지할 법이 없는 것입니다. 이는 더욱더 열매들을 풍성케 하시는 것입니다.

2. 성령의 열매는 단수입니까? 복수입니까?(22절)

말씀을 조금 더 주의 깊게 살펴볼 것은 성령의 열매는 9가지이나 열매는 하나라는 것입니다. 오직 성령의 열매들이 아니라 성령의 열매라고 하심은 성령의 열매가 9가지가 있는 것이 아니라 이는 마치 포도송이의 포도알과 같이 여러 가지가 있으나 이 모든 것이 함께 어울려져 하나를 이루고 있은 바와 마찬가지입니다.

3. 성령의 열매가 맺어야 할 곳은 어디입니까?

성령의 열매는 맺는 것은 관계 속에서 이루어집니다. 첫 번째로 살필 것은 대신관계입니다. 하나님과의 관계 속에서 열매를 맺어야 합니다. 이는 가장 중요한 열매입니다. 그러므로 육체의 일도, 성령의 열매도 먼저 하나님과의 관계 속에서 가르칩니다. 육체의 일에서 음행, 더러운 것, 호색, 우상 숭배, 주술, 성령의 열매에서 사랑과 희락과 화평은 대신관계, 하나님과의 관계 속에서 맺어야 할 열매입니다. 두 번째로 살필 것은 대인관계입니다. 육체의 일에 원수 맺는 것과 분쟁과 시기와 분냄과 당 짓는 것과 분열함과 이단과 투기, 성령의 열매에서 오래 참음과 자비와 양선은 대인관계, 이웃과의 관계 속에서 맺어야 할 열매입니다. 세 번째로 살필 것은 대자관계입니다. 육체의 일에 술 취함, 방탕함, 성령의 열매에서 충성과 온유와 절제는 대자관계, 자신과의 관계 속에서 맺어야 할 열매입니다. 모든 관계를 살피다가 자신과의 관계를 잊어버려서는 안 될 것입니다. 성령의 열매를 맺는 것은 또한 자신과의 관계 속에서 이루어지는 것입니다. 육체의 일도 성령의 열매도 마찬가지입니다. 성령의 열매는 하나님과의 관계 속에서만 맺는 것이 아님을 알아야 합니다. 하나님과의 관계 속에서, 이웃과의 관계 속에서, 자신과의 관계 속에서 맺어야 합니다. 이는 매우 중요한 열매의 특성입니다.

4. 그리스도 예수의 사람들이 십자가에 못 박은 것은 무엇입니까?(24절)

그리스도 예수를 믿는 사람들은 예수 그리스도의 십자가 죽음과 연합하여 옛 사람을 십자가에 못 박게 됩니다. 이 때에 우리는 옛 사람이 못 박힐 때에 그 육체와 함께 그 정욕과 탐심을 십자가에 못 박은 사람들입니다.

5. 그리스도인의 새로운 삶은 무엇입니까?(25절)

　그리스도인의 새로운 삶은 성령으로 사는 것입니다. 죽은 육체와 정욕과 탐심으로 사는 것이 아니라 성령의 중생케 하심으로 말미암아 의와 진리와 거룩함으로 지으심을 입은 새 사람으로 사는 것입니다.

6. 성령으로 살고 성령으로 행하는 자들이 금하여야 할 것은 무엇입니까? (26절)

　성령으로 살며 성령으로 행하는 자들은 헛된 영광을 구하여 서로 노엽게 하거나 서로 투기하지 말아야 합니다. 이는 육체의 일이 됩니다. 성령으로 행하는 사람들은 결코 헛된 영광을 구하지 않습니다. 헛된 영광이란 이 세상에서 인간들이 추구하는 자신의 명예를 의미하며 이같은 명예를 구하기 위해 서로 격동하고 서로 투기하는 것입니다. 이것은 절대로 성령의 역사가 아닙니다. 오히려 육체의 욕심을 이루는 일입니다.

묵상

01 성령의 열매는 누구의 열매입니까? 누가 행하시는 것입니까?

02 나에게 부족한 성령의 열매는 무엇입니까?

03 육체만 십자가에 못 박고 그 정욕과 탐심을 남기는 것이 가능합니까?

되새김

성령의 열매는 우리 자신이 맺는 율법의 열매가 아닙니다. 이는 우리 안에 행하시는 성령의 열매가 되는 것입니다. 그러므로 우리는 더욱더 성령의 인도하심을 구하여 성령의 열매가 풍성케 하여야 할 것입니다. 그리스도 예수의 사람들은 이미 육체와 함께 그 정욕과 탐심을 십자가에 못 박은 사람들입니다. 그러므로 육체의 남겨진 욕심은 성령의 인도하심 가운데 승리하여야 할 것입니다.

PART

18

성령의 열매 2
5장22~26절

Key Point

이신득의로 말미암는 믿음의 삶은 성령으로 말미암는 삶입니다. 이 번 과에서는 성령의 9가지 열매 중에 세 가지 열매인, 사랑과 희락과 화평에 관하여 전합니다.

갈라디아서는 구체적인 육체의 일과 대조적으로 성령의 열매에 관하여 전합니다. 육체의 일은 참된 열매가 아니기에 열매라고 하시 않고 '일'이라고 하였지만 성령의 열매는 참된 열매요, 또한 성령으로 말미암은 결과이기에 '열매'라는 귀한 표현을 사용합니다.

성령의 9가지 열매 중에 이번 과에서는 사랑과 희락과 화평의 열매에 관하여 나눕니다.

1. 사랑의 열매에 관하여 살펴봅시다(22-23절).

십계명의 제일 계명은 너는 나 외에 다른 신들을 내게 두지 말라는 것입니다. 이것이 제1계명인 이유는 이 계명이 가장 무겁고 중요하고 엄중한 명령이 되기 때문입니다. 출애굽기 25장에서 성막에 대한 기구 7가지를 전함에 있어서 그 시작이 되는 말씀을 하시는데 이때에 가장 먼저 말씀하시는 것이 바로 법궤입니다. 이는 성막의 가장 중요하며, 성막에 나아가는 목적이 되기 때문입니다. 레위기 1장으로부터 우리는 또한 번제 소제 화목제의 말씀을 이어 보게 되는데 여기에 있어서도 가장 먼저 말씀하시는 것은 번제입니다. 이는 가장 중요한 제사가 되기 때문입니다. 이처럼 여러 가지를 말씀하실 때에 가장 먼저 말씀하심은 중심이 되고, 목적이 되고, 가장 중요한 말씀이기 때문입니다. 이러한 원칙이 성령의 9가지 열매 중에서도 나타나는데 가장 중요한 열매가 무엇입니까? 그것은 바로 사랑입니다. 우리의 삶에 가장 중요한 것은 무엇일까? 그것은 역시 사랑입니다.

사랑에는 첫째 사랑과 둘째 사랑이 있습니다. 첫째는 신명기 6장4-5절을 통해서 말씀해 주셨습니다.

"이스라엘아 들으라 우리 하나님 여호와는 오직 유일한 여호와이시니 너는 마음을 다하고 뜻을 다하고 힘을 다하여 네 하나님 여호와를 사랑하라"(신 6:4-5)

이것이 첫째 사랑입니다. 하나님 사랑은 첫째 사랑입니다. 하나님 사랑은 다하는 사랑입니다. 우리는 결코 하나님께 조금의 마음을 드릴 수 없습니다.

둘째 사랑은 이웃 사랑입니다.

"원수를 갚지 말며 동포를 원망하지 말며 네 이웃 사랑하기를 네 자신과 같이 사랑하라 나는 여호와이니라"(레 19:18)
"둘째는 이것이니 네 이웃을 네 몸과 같이 사랑하라 하신 것이라 이에서 더 큰 계명이 없느니라"(막 12:31)

하나님 사랑은 다하는 사랑이며 이웃 사랑은 네 몸과 같이 사랑하는 것입니다. 신약에 이르러서 예수님께서는 그분의 사랑으로 하나님 사랑과 이웃 사랑을 연결시키셨습니다.

"새 계명을 너희에게 주노니 서로 사랑하라 내가 너희를 사랑한 것 같이 너희도 서로 사랑하라"(요 13:34)

"피차 사랑의 빚 외에는 아무에게든지 아무 빚도 지지 말라 남을 사랑하는 자는 율법을 다 이루었느니라"(롬 13:8)

사랑은 마치 모든 것을 담고 있는 보자기와 같습니다. 참으로 사랑이 있으면 이 사랑에게 많은 은사와 능력이 나옴을 알아야 합니다. 사랑은 순서적으로 가장 중요함을 뜻할 뿐만 아니라 모든 은사가 이 사랑으로부터 말미암아 나온다는 것에 큰 의미가 있습니다.

사랑으로부터 오래 참음이 나오고, 사랑으로부터 희락이 나오고, 사랑으로부터 절제가 나오고 사랑으로부터 충성이 나오는 것입니다.

사랑은 단순한 감정이 아닙니다. 사랑을 단순히 감정으로 생각하는 것은 사랑에 대한 큰 오해가 됩니다. 사랑은 배움이 되는 것입니다. 우리는 사랑하지만 사랑하는 법을 알지 못합니다. 그러므로 사랑할 줄을 모르게 되는 것입니다. 부부간에 사랑하지 못하는 이유는 부부간의 사랑하는 법을 모르기 때문입니다. 그러므로 사랑은 단순한 감정이 아니라 사랑을 배워 나아가야 합니다.

우리는 부부와의 사랑, 자녀와의 사랑에서 더 큰 사랑을 배워 나아가야 할 것입니다. 사랑은 아가페입니다. 이 아가페의 특성은 무조건적인 사랑이며 적극적인 사랑입니다. 우리는 이 사랑을 받았고 이 사랑으로 섬기는 것입니다. 우리는 하나님으로부터 무조건적인 사랑을 받았고 또한 이 사랑으로 사랑하는 것입니다.

2. 희락의 열매에 관하여 살펴봅시다(22-23절).

희락은 한 마디로 기쁨입니다. 하나님께서는 주를 그 안에 모시고 사는 자 안에 기쁨을 허락하십니다. 기뻐함은 성령의 두 번째 열매입니다. 주님을 사랑하는 자, 이웃을 사랑하는 자에게는 기쁨이 찾아옵니다. 단지 기뻐하는 것이 아니라 말씀이 유기적으로 이어져 있음을 살필 수 있어야 할 것입니다.

성령이 우리들에게 희락을 주신다는 것은 성령께서 우리 영혼의 만족이 됨을 알게 하시는 것입니다. 목마른 심령은 물을 마시고 해갈될 때에 비로소 만족하게 되고 기쁨을 얻습니다. 마찬가지로 우리들의 영혼은 성령을 갈급해하고 그 성령으로 말미암아 만족하고 기뻐하게 되는 것입니다. 내 영혼의 참된 만족은 오직 성령님이신 것입니다. 우리는 성령의 은사를 받게 될 때의 감격과 기쁨을 알고 있습니다. 그것은 이루

말할 수 없는 기쁨이요 만족입니다. 이는 우리의 영혼의 큰 만족이 됩니다. 우리는 또한 매일의 삶 속에서 우리의 영혼을 돌보시고 채우시고 만지시는 성령의 역사로 말미암아 기뻐하게 됩니다.

즐거움은 소망에서 옵니다.

우리는 희망과 소망을 구분할 수 있습니다. 희망은 사람으로 말미암은 것입니다. 그러나 소망은 약속으로 말미암은 것이며 이는 하나님께로 말미암은 것입니다. 우리가 붙잡아야 하는 것은 희망이 아닌 소망입니다. 우리가 긍정적이고 낙관적인 태도를 가지는 것은 너무나도 중요한 일이 됩니다. 그러나 이 보다 더 중요한 것이 있다면 확실한 약속의 말씀을 붙잡는 것입니다. 복음은 단순한 긍정이요, 낙관이 아닙니다. 복음은 약속입니다. 이제 즐거움은 소망에서 옮을 알아야 할 것입니다. 우리가 가지고 있는 소망에는 부활의 소망이 있습니다. 부활의 소망의 간절한 바는 어디에 있습니까? 왜 우리는 부활의 소망을 가져야 합니까? 부활이면 무엇이 좋을까요? 부활이면 안 아프고, 안 슬프고, 고통이 없고, 평안하고, 좋고... 그러나 더 깊은 수준으로 우리들의 생각이 미쳐야 합니다. 과도한 빚에 힘들어하는 사람이 있다면 그 사람에게 부활이란 다시 시작함에 있어서 과도한 빚에서 건짐을 받는 것이 될 것입니다. 만일 중병에 의해서 오랫동안 아파하는 사람들이 있다면 이 사람에게 부활이란 다시는 아프지 않음이 있게 될 것입니다. 아내를 잃고, 남편을 잃고 자녀를 잃고 상심에 있는 사람들에게는 상심과 외로움에서 벗어나는 것이 부활의 의미가 될 것입니다. 이처럼 보다 깊이 있게 부활의 의미를 좀 더 깊이 살펴야 합니다. 과연 부활이면 무엇이 좋을까요... 그것은 우리의 육신의 몸, 지금의 몸과 무엇이 다른가를 알아야 할 것입니다. 처음 하나님께서 우리들을 만드실 때에 심장이 없었겠습니까? 아니지요... 심장은 처음 지음을 받을 때나 지금이나 동일하게 있는 것입니다. 인간의 타락으로 말미암아 무엇이 변했을까요? 우리의 눈에는 보이지 않아 세상의 사람들은 그것을 미처 인지하지 못하지만 우리에게는 죄성이 있는 것입니다. 이것은 매우 중요한 문제입니다. 우리 안에 죄성의 문제입니다. 그리고 이 죄가 우리의 마음에 왕 노릇하는 것입니다. 심지어 우리가 알아야 할 것은 우리가 구원을 받는다고 할지라도 우리가 성령을 받는다고 할지라도 우리 안에 성령님께서 함께 하신다고 할지라도 이 죄가 없어지는 것이 아니라는 것입니다. 죄는 끊임없이 기회를 틈타서 우리 가운데서 역사하고자 하는 것입니다. 우리가 부활의 몸을 바랄 때에 여러 가지 이유가 물론 있을 것입니다. 그러나 그 무엇보다도 우리가 사모하는 것은 더 이상 우리 안에 죄가 있지 못하는 것입니다. 우리의 소망은 여기에 있습니다. 우리의 소망은 부활에 있습니다. 이 소망은 우리들의 기쁨이 되는 것입니다. 하나님께서 우리들에게 약속하신 부활과 하나님 나라의 기업은 우리들로 하여금 기쁨 가운데 있게 하시는 것입니다. 우리는 소망 중에 기뻐합니다.

고통 속에서도 즐거울 수 있습니다.

희락은 늘 기쁨과 즐거움 속에만 있는 것이 아닙니다. 희락은 고통 속에서도 있는 비록 고통 속이라고 할지라도 소망이 있기 때문입니다.

"나로 말미암아 너희를 욕하고 박해하고 거짓으로 너희를 거슬러 모든 악한 말을 할 때에는 너희에게 복이 있나니 기뻐하고 즐거워하라 하늘에서 너희의 상이 큼이라 너희 전에 있던 선지자들도 이같이 박해하였느니라"(마 5:11-12)

그러므로 우리는 소망을 가지고 기뻐할 수 있어야 합니다. 당장의 즐거움으로 기뻐하는 것이 아니라 하나님의 약속을 부여잡을 때에 비록 환난과 어려움이 있다고 할지라도 우리들의 기쁨과 즐거움을 빼앗기지 않게 되는 것입니다.

3. 화평의 열매에 관하여 살펴봅시다(22-23절).

세 번째 열매의 내용은 화평입니다. 그리스도 안에서는 우리는 먼저 하나님과 화평이 된 자가 됩니다. 우리는 주님께서 우리들 가운데 가지고 오신, 이루신 화평을 귀히 여겨야 할 것입니다. 이제 화평케 됨뿐만 아니라 더욱더 화평된 자로서 그 화평을 누려야 할 것입니다.

화평의 열매는 충만함으로 말미암은 것입니다. 자신 안에 충만함이 없으면 결코 화평할 수 없습니다.

성령의 세 번째 열매로 화평을 말씀하십니다. 사랑과 희락에 이어 화평에 관하여 전합니다. 팔복의 말씀 중에서도 7번째 복이 화평케 하는 자입니다.

"화평하게 하는 자는 복이 있나니 그들이 하나님의 아들이라 일컬음을 받을 것임이요"(마 5장9절)

팔복의 말씀 중에서도 하나님의 은혜에 부어짐으로 나타나는 복이 긍휼, 청결에 이어 세 번째 복이 화평입니다. 이처럼 화평이란 하나님의 은혜가 충만함 상태며 또한 적극적으로 넘치는 상태라 할 수 있습니다.

이제 화평케 하는 자가 되기 위해서는 우리는 화목에 관하여 주목해 보아야 합니다.

'화목'이라는 말 안에는 몇 가지 의미를 선행합니다.

첫째, 화목이 필요한 이유는 우리의 죄가 하나님의 진노함을 일으켰기 때문입니다. 죄에 대한 하나님의 진노하심에 대한 이해 없이는 이 화목의 의미에 온전히 이해할 수 없습니다. 하나님께서는 죄에 대하여 방관하지 않으시고, 타협하지 않으시고, 멈추지 않으시는 적대감을 가지십니다. 그러므로 죄된 인생은 하나님의 진노 아래 있고 죄에 대한 하나님의 진노 가운데 인생은 하나님과 절대로 화목할 수 없는 것입니다.

둘째, 화목을 이루시는 분이 누구이신가가 중요합니다. 곧 화목을 이루시는 분은 하나님 자신입니다. 모든 인생의 제사는 인생 주도로 이루어집니다. 이는 제물을 통해서 신의 진노를 달래는 것입니다. 그러나 명확히 알아야 할 것은 그 어떠한 인간적인 희생이 이루어진다고 하여도 인생 주도적인 희생은 인생의 죄의 문제를 해결하지 못하는 한 결코 하나님의 진노를 돌이킬 수 없는 것입니다. 하나님의 진노는 죄에 대한 것이며, 죄에 대한 해결함이 없는 그 어떠한 인생의 희생도 결국 의미가 없는 것입니다.

그러므로 우리는 이 화목의 주체가 바로 하나님이신 것을 알게 됩니다. 이 화목은 하나님께서 하신 것입니다. 심지어 예수 그리스도의 십자가조차 그의 십자가로 하나님을 설득하신 것이 아니라 하나님의 은혜로 말미암아 선물로 그 십자가를 우리들에게 주신 것입니다. 구약의 모든 제사는 인생으로 말미암은 것이 아닌 하나님께서 인생을 위하여 주시고 마련하신 것입니다. 여기에서 우리는 하나님의 사랑을 발견하게 됩니다. 하나님의 사랑은 인생의 속죄로 말미암아 이루어진 것이 아니라 그 사랑하심으로 말미암아 속죄를 이루신 것입니다. 사랑은 어떠한 결과물이 아닌 사랑은 모든 것의 원천이 되는 것입니다.

"하나님이 세상을 이처럼 사랑하사 독생자를 주셨으니 이는 누구든지 그를 믿는 자에게 영생을 얻게 하려 하심이라"(요 3:16)

이제 마지막 셋째, 이 화목에 관하여 우리가 알 것은 하나님께서 세우신 화목 제물은 바로 예수 그리스도라는 사실입니다. 여기에 더욱 놀라운 사랑의 절정이 있습니다.

우리는 화목제물 되신 예수 그리스도로 말미암아 하나님과 이웃과의 화목이 회복되어야 할 것입니다. 화평하게 하는 자는 복이 있나니 그들이 하나님의 아들이라 일컬음을 받을 것이라 하였습니다. 화평하게 하는 자야 말로 진정한 하나님의 아들다운 아들이 되기 때문입니다.

묵 상

01   사랑의 열매에 관하여 나누어 봅시다.

02   희락의 열매에 관하여 나누어 봅시다.

03   화평의 열매에 관하여 나누어 봅시다.

되새김

단순한 인간적인 사랑의 감정이 사랑의 열매가 아닙니다. 참된 성령의 열매로서의 사랑의 열매는 하나님의 사랑인 아가페의 사랑입니다. 세상의 즐거움이 아닌 하나님께서 주시는 기쁨, 사람과의 화평이 아닌 하나님과의 화평을 구분하여야 합니다.

PART

19

성령의 열매 3
5장22~26절

Key Point

이신득의로 말미암는 믿음의 삶은 성령으로 말미암는 삶입니다. 이 번 과에서는 성령의 9가지 열매 중에 세 가지 열매인, 오래 참음, 자비, 양선에 관하여 전합니다.

갈라디아서는 구체적인 육체의 일과 대조적으로 성령의 열매에 관하여 전합니다. 육체의 일은 참된 열매가 아니기에 열매라고 하지 않고 '일'이라고 하였지만 성령의 열매는 참된 열매요, 또한 성령으로 말미암은 결과이기에 '열매'라는 귀한 표현을 사용합니다.

성령의 9가지 열매 중에 이번 과에서는 오래 참음과 자비와 양선의 열매에 관하여 나눕니다.

1. 오래 참음의 열매에 관하여 살펴봅시다(22-23절).

성령의 9가지 열매 중에 4번째 열매가 오래 참음입니다. 대인관계의 시작은 오래 참음입니다. 사랑이 열매인 것은 순서상으로 앞서다 보니 잘 알고 있습니다. 그러나 사랑과 희락과 화평 다음에 오래 참음이 성령의 열매라는 사실은 잊기 쉽습니다. 그러므로 우리는 더욱더 이 오래 참음이 성령의 분명한 9가지 열매 중의 하나임을 잘 알고 있어야 합니다. 믿음의 성숙의 과정에서 반드시 맺어야 할 열매가 바로 오래 참음의 열매입니다. 무엇보다도 대인관계의 첫 번째가 오래 참음이라는 사실을 주목하여야 합니다.

무엇을 하는 것보다 무엇을 하지 않은 것이 더 힘들 때가 있습니다. 우

177

리들의 인생 속에서도 무엇을 해야 하는 때도 있지만 반대로 무엇도 하지 말아야 할 때가 있습니다. 곧 오래 참아야 할 때가 있습니다.

참는 것 자체가 힘듭니다. 그런데 오래 참아야 하니 얼마나 힘듭니까? 결실은 오래 참음으로 맺습니다. 시련의 계절에 너무나 필요한 것은 오래 참음의 열매입니다. 이 오래 참음의 열매가 있어야 힘든 시련의 계절을 온전히 통과할 수 있는 것입니다.

우리말에는 참는다라는 말이 있고 견디다라는 말씀이 있습니다. 오래 참음은 '마크로두미아'라고 하며 견디다는 인내하다는 뜻으로 '휘포모네'라고 이야기를 합니다. 마크로두미아와 휘포모네는 어떻게 다릅니까? 오래 참는다는 것은 사람에 관하여 오래 참는 것입니다. 사람과 관련되어서는 오래 참아야 합니다. 그리고 환경에 대해서는 인내하여야 하는 것입니다. 이는 견디는 것입니다.

마크로두미아는 마크로스와 두모스가 합성된 말입니다. 마크로스는 '먼'이라는 뜻이고 '두모스'는 '분노'라는 뜻입니다. 분노로부터 멀리하는 것이 바로 오래 참는 것입니다. 분노를 가까이해서는 결코 오래 참을 수 없습니다. 우리가 사람들에 대해서 분노하게 되면 결코 오래 참을 수 없습니다. 분노를 멀리하고 사랑하여야 합니다. 그래야 오래 참을 수 있습니다.

2. 자비의 열매에 관하여 살펴봅시다(22-23절).

다섯 번째 열매의 내용은 자비입니다. 팔복의 말씀 중에 처음 4가지와 다음의 4가지를 구분하는 것이 바로 이 자비입니다. 긍휼히 여기는 자는 복이 있나니 저가 긍휼히 여김을 받을 것임이요라고 말씀하셨습니다. 하나님의 은혜가 임하였을 때에 제일 먼저 나타나는 현상은 바로 긍휼히 여기게 되는 것입니다.

우리는 세상에 관하여 자비를 베푸는 사람들입니다. 우리의 소망이 이 땅에 있지 않기에 우리가 이 땅에 사는 날 동안 이 땅 사람들에 대하여 자비의 마음을 가지게 됩니다.

크레스토테스(자비)는 친절함의 뜻으로 친절한 사람을 의미합니다.

사람에게 향하여 오래 참을 뿐만 아니라 성령의 사람들은 사람에 대하여 친절하여야 합니다. 이것이 바로 우리들을 향한 부르심입니다.

초대 교회 당시의 사람들은 선을 뜻하는 크레스토테스와 크리스토스가 발음이 비슷하여 그리스도인들은 친절한 사람이라고 생각하였습니다. 발음이 비슷한 것이 아니라 실제적으로 믿음의 사람들은 친절한 사람이 되어야 합니다.

3. 양선의 열매에 관하여 살펴봅시다(22-23절).

성령의 열매의 특징은 이것이 성령의 열매일 뿐만 아니라 하나님의 성품이기도 합니다. 하나님의 성품이 우리들의 마음에 열매를 맺는 것입니다.

여섯 번째 성령의 열매는 양선입니다. 더 나아가 하늘에 소망을 가진 사람들은 이 땅에 향하여 베푸는 마음을 가집니다. 착하고 선한 마음을 가지고 이 땅에 베푸는 삶을 살아가게 됩니다. 영원한 세상을 소유한 사람들은 이 땅에 대한 욕심이 없이 오히려 이 베푸는 삶을 살아가게 되는 것입니다.

우리는 우리의 언제나 남에게 해를 끼치는 사람이 되어서는 안 됩니다. 남에게 금전적인 해를 끼쳐서 안되며 남에게 정신적인 고통을 주는 사람이 되어서는 안 됩니다. 남에게 해를 끼치는 사람이 아니라 언제나 남에게 유익을 끼칠 수 있는 복된 사람이 되어야 할 것입니다.

복된 사람은 어떠한 사람입니까? 복된 사람의 두 가지는 하나님의 뜻이 자신의 삶을 이루어지는 사람이며 또한 자신을 통해서 누군가가 복된 사람입니다. 복된 사람은 하나님의 복이 자신에게 이루어지고, 자신에게 주신 복이 누군가에게 흘러가는 사람이 진정으로 복된 사람입니다. 그 자신은 복되지만 그 복됨으로 누군가를 해롭게 하는 사람은 진정으로 복된 사람일 수 없는 것입니다.

이 양선은 아가쏘쉬네입니다.

에베소서 5장9절에 빛의 열매가 세 가지가 나옵니다. 착함과 의로움과 진실함입니다. 여기에서 착함이 바로 아가쏘쉬네입니다. 양선은 또한 성경에 착함으로 다르게 번역된 말이 있는 것입니다. 양선은 착함입니다. 영어로는 goodness입니다.

로마서 15장14절에서는 선함으로 번역하였습니다.

"내 형제들아 너희가 스스로 선함이 가득하고 모든 지식이 차서 능히 서로 권하는 자임을 나도 확신하노라"(롬 15:14)

데살로니가후서 1장11절에서는 '선'이라고 말합니다.

"이러므로 우리도 항상 너희를 위하여 기도함은 우리 하나님이 너희를 그 부르심에 합당한 자로 여기시고 모든 선을 기뻐함과 믿음의 역사를 능력으로 이루게 하시고"(살후 1:11)

이 아가쏘쉬네를 어떻게 보아야 하겠습니까? 아가쏘쉬네는 우리 안에 악이 머물지 않는 하나님의 선이 가득한 상태를 보여주시는 것입니다.

아가쏘쉬네는 사람을 기쁘게 하는 것이 아니라 하나님을 기쁘시게 합니다. 사람에게 선한 것이 아니라 하나님 앞에 선해야 하는 것입니다.

아가쏘쉬네는 또한 하나님의 뜻을 온전히 이룸에 있습니다. 그분이 선하기에 그 분의 선함이 우리들을 통해서 이루어져야 하는 것입니다.

아가쏘쉬네는 하나님의 선하심이 우리들을 통해서 나타나는 것을 의미하는 것입니다.

이 땅의 사람들과의 관계 속에서 오래 참고 친절하며 하나님의 선하신 뜻이 나타나는 것입니다.

01 오래 참음의 열매에 관하여 나누어 봅시다.

02 자비의 열매에 관하여 나누어 봅시다.

03 양선의 열매에 관하여 나누어 봅시다.

되새김

성령의 열매는 하나님과의 관계뿐만 아니라 이웃과의 관계 속에서 열매 맺습니다. 오래 참음, 자비, 양선의 열매는 다른 사람과의 관계에서 맺는 열매입니다.

PART

20

성령의 열매 4
5장22~26절

Key Point

이신득의로 말미암는 믿음의 삶은 성령으로 말미암는 삶입니다. 이 번 과에서는 성령의 9가지 열매 중에 세 가지 열매인, 충성, 온유, 절제에 관하여 전합니다.

성령의 9가지 열매 중에 이번 과에서는 충성과 온유와 절제의 열매에 관하여 나눕니다.

1. 충성의 열매에 관하여 살펴봅시다(22-23절).

믿음은 '피스티스'이며, 충성 또한 피스티스입니다. 충성된 사람은 참된 믿음의 사람입니다. 특별히 믿음의 사람들은 적은 일에 충성하여야 합니다.

"그 주인이 이르되 잘하였도다 착하고 충성된 종아 네가 적은 일에 충성하였으매 내가 많은 것을 네게 맡기리니 네 주인의 즐거움에 참여할지어다"(21절)

말씀의 충성은 죽도록 충성함에 있습니다. 맡은 자의 구할 것은 충성이라 하였습니다. 주께서 우리들에게 직분을 주심은 우리들을 충성되이 여겨 이 직분을 주신 것입니다. 주님께서는 전방위적으로 구하시는 것은 바로 충성됨입니다.

"충성된 사자는 그를 보낸 이에게 마치 추수하는 날에 얼음 냉수 같아서 능히 그 주인의 마음을 시원하게 하느니라"(잠 25:13)

2. 온유의 열매에 관하여 살펴봅시다(22-23절).

유명한 성경 주석가가 되는 바클레이는 성경을 주석하다가 가장 어려웠던 단어 중 하나로 '프라오테스', 곧 '온유'라고 말하였습니다.

우리가 이 프라오테스의 의미에 가까이 가기 위해서는 헬라 사회에서 프라오테스라는 말을 어떻게 사용하였는가를 알아야 합니다. 이것이 적어도 온유의 의미를 아는 데에 큰 도움이 됩니다.

아리스토텔레스는 이 단어를 정의하여 "지나치게 노여워하는 것과 지나치게 노여워하지 않는 것 사이의 중용이며, 반드시 노해야 할 때만 노하고, 노해서는 안될 때 노하지 않는 사람의 자질"이라고 하였습니다. 또한 그는 "인간은 누구나 화를 낼 줄 안다. 그러나 정당한 대상을 향해서, 정당한 정도로, 정당한 때에 정당한 목적으로, 정당한 방법으로 화를 낼 줄 아는 사람이 온유한 사람"이라고 했습니다.

프라오테스는 사나운 짐승이 조련사를 만나 길들여져서 그 말을 듣게 되는 모습을 프라오테스라고 하였습니다. 또한 오합지졸의 사람들이 군대에 들어가게 되어 진정한 군인으로 만들어지는 모습을 프라오테스라고 하였습니다. 그러므로 온유라는 말은 길들여지는 것이며 다스려지는 것이며, 훈련되는 것입니다. 자신의 마음이 길들여지지 않고, 다스려지지 않고, 훈련되지 않은 사람은 온유한 사람이 아닌 것입니다.

온유는 밝히 드러난 예수 그리스도의 성품이기도 하며 믿음의 사람들이 맺어야 할 성령의 열매의 중요한 내적인 열매입니다. 온유함이란 구체적으로 세상의 것들을 쏟아낸 상태를 의미합니다. 우리 안에 세상적인 것들이 채워지면 채워질수록 마음이 굳어집니다. 몸이 굳어집니다. 그러나 우리 안에 세상적인 것들을 비우고 은혜가 채우지면 채워질수록 우리의 마음이 부드러워지게 되는 것입니다. 온유한 이러한 성품이 되는 것입니다. 우리 자신이 강퍅해지지 않도록 하여야 할 것입니다. 늘 여유가 있고, 은혜가 있고, 겸손이 있고, 섬김이 있는 그러한 자의 삶이 되어야 할 것입니다.

3. 절제의 열매에 관하여 살펴봅시다(22-23절).

성령의 마지막 열매로 절제를 말씀하심은 믿음의 삶은 언제나 절제된 생활임을 밝히시는 것입니다. 절제가 열매인 것은 절제는 다스림이 있기 때문입니다. 아무리 좋은 칼이라 할지라도 다스리지 못하면 흉기가 됩니다. 우리의 몸도 잘 다스리면 하나님께 영광이 되지만 다스리지 못하면 방탕하게 되고 오히려 수치스러운 존재가 되는 것입니다. 그러므로 우리는 무엇이든지 절제하기를 잘해야 하는 것입니다.

절제는 권세입니다. 하나님께서는 처음부터 우리들에게 다스림의 권세를 주셨습니다.

"하나님이 그들에게 복을 주시며 하나님이 그들에게 이르시되 생육

하고 번성하여 땅에 충만하라 땅을 정복하라 바다의 물고기와 하늘의 새와 땅에 움직이는 모든 생물을 다스리라 하시니라"(28절)

죄로 말미암아 심각하게 손상된 것은 다스림이며 곧 절제하지 못함으로 말미암아 인간은 다스림이 존재가 아닌 다스림을 받는 자가 되었습니다. 성령은 이제 절제치 못한 자들을 절제할 수 있는 자들로 만드십니다. 종된 자를 자녀로 만드시고 다스림을 받던 자들을 다스리는 자들로 만들어 주시는 것입니다. 세상을 즐기며 세상의 종됨을 알지 못하였던 자들을 이제는 절제하고 다스림으로 세상으로 돌아서서 하나님께 향하는 자들로 만들어 주시는 것입니다.

오늘 우리가 절제하여야 하는 이유는 무엇입니까? 그것은 내일을 위한 것입니다. 우리의 삶이 이 땅을 위한 삶이 아닌 영생을 믿는 사람들이기에 우리는 이 현세를 살아갈 때에는 반드시 절제와 함께 신앙생활을 하여야 하는 것입니다. 절제를 잃어버리는 것은 단지 절제를 잃어버리는 것이 아니라 미래를 잃어버리는 것입니다. 절제함 없이 현세를 취하는 것은 결국 영생을 잃어버림을 의미하는 것입니다.

"이기기를 다투는 자마다 모든 일에 절제하나니 그들은 썩을 승리자의 관을 얻고자 하되 우리는 썩지 아니할 것을 얻고자 하노라"(고전 90:25)

절제는 더 아름답게 만듭니다. 처녀와 총각이 서로 절제하면 보다 아름다운 결혼생활을 시작할 수 있게 됩니다. 선수가 삶을 절제할 수 있다면 보다 영광스러운 날이 예비되어 있는 것입니다. 우리의 신앙생활도 절제가 회복된다면 영생의 소망과 더불어 하나님께서 허락하시는 보다 가치 있고 놀라운 삶이 우리들의 인생에 펼쳐지게 될 것입니다.

묵상

01 충성의 열매에 관하여 나누어 봅시다.

02 온유의 열매에 관하여 나누어 봅시다.

03 절제의 열매에 관하여 나누어 봅시다.

되새김

참된 성령의 열매는 하나님과의 관계이며, 이웃과의 관계이며, 마지막으로 자기 자신과의 관계입니다. 충성과 온유와 절제는 자기 자신 안에서 맺게 되는 성령의 열매입니다. 이는 자기 자신을 더 가치 있고 아름답게 합니다.

PART

21

사랑과 용서의 삶
6장1~5절

Key Point

믿음으로 말미암은 의로움과 종의 멍에를 벗는 자유는 사랑으로 서로 종 노릇 하게 하며 성령을 따라 행함으로 성령의 열매를 맺게 합니다. 그러나 이러한 밝은 면이 아닌 어두운 면으로서 무슨 범죄한 것이 드러나게 될 때에 믿음의 바른 처신과 자세를 이번 과에서는 전합니다.

본문 이해

종됨에서 자유함으로, 육체에서 성령으로 옮겨간 자들의 삶은 서로에 대한 판단과 정죄의 삶이 아닌 사랑과 용서의 삶이 되어야 합니다. 이번 과는 이신득의의 세 번째 삶으로 형제들 가운데 범죄한 일이 드러날 때에 처신에 관하여 전합니다. 비록 새로운 삶이 시작되었다고 할지라도 여전히 개인적으로 공동체적으로 연약하며 서로의 잘못을 정죄하는 것이 아닌 바르게 세워주어야 합니다. 인생은 여전히 넘어질 수 있고, 실패할 수 있고, 범죄할 수 있습니다.

■ 갈라디아서 6장의 구조적 이해

　　갈 6:1-5: 짐을 서로 지라
　　갈 6:6-10: 심음의 삶
　　갈 6:11-16: 세 가지 십자가
　　갈 6:17: 예수의 흔적
　　갈 6:18: 끝인사

1. 사람이 만일 무슨 범죄한 일이 드러나거든 어떻게 하여야 합니까?(1절)

1) 온유한 심령으로 그러한 자를 바로 잡아 주어야 합니다.

우리는 그러한 사람들을 대하는 태도부터 달라져야 합니다. 그것은 '온유한 심령'입니다. 정죄하는 심령이 아닙니다. 성도는 범죄한 자들에 대하여 한편으로는 무관심해서는 안되며 다른 한편으로는 정죄함으로 상종치 않음은 성도의 바른 태도가 아닙니다. 하나님께서도 우리들 가운데 행위로 구원에 이르게 하시지 않으시고 주의 의로움을 우리들에게 덧입히셨습니다. 그러므로 우리는 서로서로에게 온유한 심령을 가져야 합니다. 이러한 온유한 심령으로 바로잡아야 합니다. 바로잡음에는 교훈이 필요하고, 책망이 필요하기도 합니다. 우리는 성경이 우리들 가운데 어떻게 바로 잡으시는가를 먼저 깨달아야 할 것이며 이로써 또한 바로 잡을 수 있어야 할 것입니다. 이러한 사람들이 신령한 사람입니다. 신령한 사람은 하나님의 용서와 그 은혜를 경험한 사람입니다. 그리고 이러한 사람들은 온유한 심령을 가진 사람들입니다.

2) 자신을 살펴보아 시험을 받을까 두려워함이 있어야 합니다.

그리고 이러한 사람은 자신을 돌아보는 사람입니다. 누군가를 정죄하고 판단하는 모진 사람이 아니라 온유한 심령으로 시험을 받아 넘어진 사람들을 대하고 자신을 살펴보아 시험을 받을까 두려워하는 것입니다.

3) 짐을 서로 지어 그리스도의 법을 성취하여야 합니다.

'짐을 서로 지라'는 것은 남의 드러난 죄들과 결점들을 이해하고 동정하고 용서하라는 뜻입니다. 이로써 그리스도의 법을 성취하게 됩니다. 요한복음 13장에 보면, 주께서는 마지막 유월절 저녁 식사를 하신 후 제자들의 발을 씻어주셨고 그런 다음 '서로 사랑하라'는 새 계명을 주셨습니다. 예수께서 제자들의 발을 씻어주신 것은 죄의 용서를 상징합니다. 주께서는 '온 몸을 씻은 자는 발만 씻으면 된다'고 말씀하셨는데, 그것은 중생한 자 곧 구원받은 자가 날마다의 실수와 부족을 씻는 것을 의미합니다. 성도가 서로 사랑하는데 장애물이 있다면, 그것은 상대방의 결함, 결점, 약점에 대한 생각입니다. 그러므로 참으로 서로 사랑하려면 서로의 결함과 실수와 부족에 대한 용서가 선행되어야 합니다. 다시 말해, 성도가 짐을 서로 질 때 서로 사랑하라는 그리스도의 새 계명을 온전히 이루게 되는 것입니다.

2. 스스로 속임은 무엇입니까?(3절)

만일 누가 아무 것도 되지 못하고 된 줄로 생각하면 스스로 속임입니다. 우리는 남의 짐을 지지 못할 정도로 높고 고상한 존재가 아닙니다. 우리는 남의 드러난 실수와 범죄를 이해하거나 동정하거나 용서하지 못할 정도로 대단한 존재가 아닙니다. 우리는 다 똑같이 부족한 사람이며, 어느 날 우리 자신도 다른 이의 죄와 비슷한 죄를 범할지도 모르는 연약한 사람들인 것입니다.

3. 각각 자기의 일을 살필 것은 무엇입니까?(4절)

자신의 마음과 생각을 진실되게 살피는 자는 자랑할 것이 자기에게는 있어도 남에게는 있지 않음을 알게 됩니다. 자신에게 향한 자랑이 남에게 향하는 순간 과장하고 의도적인 것이 되며 또한 교만하게 되는 것입니다.

4. 자기의 짐은 누가 져야 합니까?(5절)

성도는 자신의 연약함과 부족함을 압니다. 그러므로 스스로 속임을 받아서는 안될 것이며 자기의 일을 살펴 자랑할 것이 자기에게는 있어도 남에게는 있지 않음을 알 때에 이제 각각 자신의 짐은 자신이 짊으로 자신의 책임을 회피하지 말아야 합니다.

묵상

01 범죄한 자를 바로잡을 때에 필요한 심령은 어떠한 심령입니까?

02 그리스도의 법은 언제 성취가 되는 것입니까?

03 성령을 따라 행하는 나의 삶은 어떠합니까?

되새김

교회 공동체는 공사 중인 공동체입니다. 그 누구도 온전함을 가지고 있지 못합니다. 그러므로 서로의 연약함과 부족함을 대할 때에 사랑과 자비와 긍휼과 용서함으로 대할 수 있어야 할 것입니다. 한편으로 죄를 묵과해서는 안될 것이며 다른 한편으로 정죄하는 것은 바른 성도의 태도가 아닙니다. 사랑은 온유함으로 살피며 두려움으로 자신을 돌아보며 근신함으로 자신의 일을 살피는 것입니다.

PART

22

심음의 삶
6장6~10절

Key Point

믿음의 삶은 또한 심음의 삶입니다. 그 결과는 영생이며 또한 때가 되면 이 땅에서 거둘
것입니다.

본문 이해

믿음 이후의 삶은 자유한 삶이요, 성령의 열매를 맺는 삶이요, 사랑과 용서의 삶이요, 더 나아가 심음의 삶이 되어야 합니다. 이는 이신득의의 네 번째 삶입니다.

1. 가르침을 받는 자가 가르치는 자에게 바른 태도는 무엇입니까?(6절)

가르치는 자는 말씀을 가르쳐야 하며 동일하게 가르침을 받는 자에게도 말씀의 가르침을 받는 것이 가장 귀한 것입니다. 이는 생명의 말씀으로 우리를 중생케 하고 또한 성장케 하고 영생에 이르게 하는 존귀한 말씀이기 때문입니다. 이제 가르침을 받는 자는 말씀을 가르치는 자와 모든 좋은 것을 함께 하여야 합니다.

'좋은 것'이라는 범주는 넓을 뿐만 아니라 '모든 좋은 것'은 영적이며 물질적인 모든 것을 포함하는 것입니다. 이는 다양한 교훈을 더하여 줍니다.

가르침을 받는 자는 감사 가운데 있어야 할 것입니다.
가르침을 받는 자는 가르치는 자와 바른 관계가 있어야 합니다.
가르침을 받는 자는 가르치는 자와 진실하여야 합니다.
가르침을 받는 자는 가르치는 자를 귀히 여겨야 할 것입니다.

가르침을 받는 자는 가르치는 자를 사랑하여야 합니다.

가르침을 받는 자는 지속적인 배움 가운데 있어야 할 것입니다.

2. 두 가지 스스로 속임을 살펴봅시다(3절, 7절).

만일 누가 아무 것도 되지 못하고 된 줄로 생각하면 스스로 속임입니다(3절). 또한 심음이 없이 거두기를 원하는 자는 하나님을 업신 여기는 자이며 또한 결국 스스로 속이는 것입니다(7절).

3. 심음의 법칙을 살펴봅시다(6-10절).

1) 사람이 무엇으로 심든지 그대로 거둡니다(7절).

결국 그 사람이 심음으로 하나님을 업신여김이 없는지, 스스로를 속임은 없는지를 알 수 있게 됩니다. 남을 속이는 자보다 더 어리석은 사람은 자기 자신을 속이는 자이여, 심음이 없이 거두기를 원하는 자는 스스로를 속이는 자입니다.

"스스로 속이지 말라 하나님은 업신여김을 받지 아니하시나니 사람이 무엇으로 심든지 그대로 거두리라"(7절)

2) 성령을 위하여 심어야 합니다(8절)

"자기의 육체를 위하여 심는 자는 육체로부터 썩어질 것을 거두고 성령을 위하여 심는 자는 성령으로부터 영생을 거두리라"(8절)

자기의 육체를 위하여 심는 자는 육체로부터 썩어질 것을 거둘 뿐입니다. 썩어질 것이 아닙니다. 믿음의 눈은 이미 그것이 썩은 것임을 깨닫습니다. 우리는 육신을 위해서만 구하여서는 안될 것입니다. 우리가 구하여야 할 것은 무엇입니까? 우리는 성령을 위하여 심는 자가 되어야 할 것입니다. 성령을 위하여 심는 자는 성령으로부터 영생을 거두게 되는 것입니다.

3) 선으로 심어야 합니다(9절)

심는 자가 또한 주의하여야 할 것은 기다리는 것입니다. 선을 행하고, 성령을 위하여 심고 낙심하지 말아야 할 것입니다. 성령으로 심는 자는 성령으로부터 거두게 될 것입니다. 반드시 성령으로부터 그 심은 바의 결실을 얻게 될 것입니다. 성령은 우리들에게 영생을 약속하시고 있으며 또한 이 땅에서 우리가 믿음 안에서 심은 것을 거둘 것을 약속하시고 있는 것입니다.

때가 되면 거둘 것입니다. 하나님께서는 하나님의 계획된 뜻 안에서 가장 좋은 것으로 가장 좋은 때에 주실 것입니다. 서두르거나 조급하지 말아야 합니다. 의심은 우리의 믿음과 기다림의 누룩입니다.

"오직 믿음으로 구하고 조금도 의심하지 말라 의심하는 자는 마치 바람에 밀려 요동하는 바다 물결 같으니 이런 사람은 무엇이든지 주께 얻기를 생각하지 말라 두 마음을 품어 모든 일에 정함이 없는 자로다"(약 1:6-8)

4) 기회가 있는 대로 심어야 합니다(10절)

기회에 있는 대로 모든 이에게 착한 일을 하여야 할 것입니다. 참된 기회는 섬김의 기회입니다. 우리는 하나님께 나아가서 기도하되 섬김의 지혜를 구하여야 할 것이며 또한 섬김의 기회를 위하여 기도하여야 할 것입니다.

또한 선한 일을 할 수 있는 기회를 찾아야 할 것입니다. 그리고 믿음의 가정들에게 더욱 착한 일을 하도록 노력하여야 합니다. 믿음의 가정에 대한 돌봄과 나눔은 그리스도의 사랑과 그리스도의 법과 그리스도의 은혜를 더욱 부유케 할 것입니다. 우리의 착한 일들이 더욱 그리스도의 영광을 드러내게 하여야 할 것입니다.

묵상

01 나는 어떠한 가르침 속에 있습니까?

02 심음의 삶을 함께 나누어 봅시다.

03 이 땅에 썩어질 것은 무엇입니까?

되새김

믿음의 삶은 새로운 소망 가운데 사는 삶입니다. 그리고 그 소망의 진실함은 오늘 우리의 삶이 무엇을 심는가를 통해서 잘 드러나게 되는 것입니다. 우리가 참으로 좋은 것으로 말씀을 가르치는 자와 함께 하고 성령을 위하여 심고 선을 행하고 기회가 있는 대로 심음은 우리가 바라는 것이 이 땅에 속한 것이 아님을 선포하는 것입니다.

갈라디아서

제5부

결론: 끝인사

(6장11-18절)

PART

23

세 가지 십자가
6장11~18절

Key Point

갈라디아서의 마지막 믿음의 삶에 대한 교훈은 십자가를 기억하고 십자가를 붙잡고 살아가야 할 것은 가르칩니다. 십자가는 그리스도와 함께 세상과 내가 못 박힌 십자가이며 이로써 우리는 새로 지으심을 받은 자가 되었습니다. 이제 그 은혜를 붙잡고 살아가는 것이 믿음의 삶입니다.

믿음 이후의 삶은 자유한 삶이요, 성령의 열매를 맺는 삶이요, 사랑과 용서의 삶이요, 심음의 삶입니다. 이제 마지막 결론적으로 믿음의 삶은 십자가로 말미암은 삶입니다.

1. 바울일 큰 글자로 편지를 쓴 이유는 무엇입니까?(11절)

바울의 서신은 대부분 그가 직접 쓴 것이 아니라 그가 불러 준 것을 대필하는 방법을 통하여 글을 썼습니다. 이는 그의 눈이 좋지 않았기 때문입니다. 그러나 모든 서신들보다도 앞선 이 갈라디아 서신에서는 친필로 서신을 썼습니다. 이는 이 서신이 다른 어떠한 서신보다도 얼마나 귀한 것인가를 잘 보여주시는 것입니다. 얼마나 갈라디아 교회를 향한 염려가 컸는지를 잘 보여 주는 것입니다. 바울은 이 서신의 중요성과 자신의 시력의 연약함의 두 가지 이유로 큰 글자로 글을 써서 서신을 보냈습니다.

2. 거짓 선생들이 할례를 가르치는 이유는 무엇입니까?(12-13절)

첫째, 거짓 선생들이 할례를 가르침은 육체의 모양을 내려함입니다. 하나님의 백성의 표를 할례에 두는 것입니다. 그러나 하나님의 백성의 표는 할례에 있는 것이 아니라 믿음에 있는 것입니다. 오늘날 믿음 외에 그 어떠한 것도 구원의 표가 될 수 없음을 알아야 할 것입니다. 믿음의 확신조차도 구원의 표가 될 수 없음은 구원은 오직 순수한 믿음으로 말미암은 것입니다. 또한 성령의 어떠한 은사로 말미암아 구원의 표로 삼고자 하는 것도 거짓된 것입니다. 오직 구원의 표는 믿음 외에는 아무것도 없는 것입니다.

둘째, 거짓 선생들이 할례를 가르침은 그리스도의 십자가로 말미암은 박해를 면하려 함입니다. 유대인에서 그리스도인이 된다는 것은 구원이 오직 믿음으로 말미암은 것임을 고백하는 것입니다. 율법과 할례가 구원의 표가 될 수 없음으로 율법과 할례에 젖어 있는 유대인들에게 믿음은 큰 걸림돌이 됩니다. 곧 율법과 할례를 가르치는 자들은 믿음으로 말미암는 십자가를 박해하였으며, 십자가를 전하지 않고 할례를 가르침은 그러한 박해를 면하게 되는 것입니다.

셋째, 할례를 받은 그들이라도 스스로 율법은 지키지 아니하나 할례를 받게 하려 하는 것은 할례를 전하여 준 자신들을 자랑하기 위해서입니다. 곧 할례는 믿음이 아닌 육체의 표로 구원의 표로 삼는 것이며 십자가를 거치는 것으로 보고 박해를 받지 않으려 함이며 또한 자신들을 자랑하기 위함인 것입니다.

3. 바울의 자랑은 무엇입니까?(14절)

바울의 자랑은 오직 우리 주 예수 그리스도의 십자가였습니다.

4. 세 가지 십자가를 살펴봅시다(14절).

1) 예수 그리스도의 십자가

첫 번째 예수 그리스도의 십자가가 있습니다. 세 가지 십자가 중에 첫 번째 십자가는 우리 주님의 십자가입니다.

십자가가 의미가 있는 것은 우리 주님께서 그곳에 못 박히심으로 죽으셨기 때문입니다. 주님께서 십자가에서 죽으시지 않으셨다면 오늘날까지도 결코 십자가는 사람들의 관심을 갖지 못하였을 것입니다.

예수님께서 십자가에 못 박히셨다는 사실은 하나님께서 이 땅에 오셨다는 것보다도 더 충격적인 일입니다. 그러나 더 충격적인 이야기는 하나님께서 이 땅에 오심이 바로 십자가에 못 박히시기 위함이라는 사실입니다. 예수님께서는 왜 십자가에 못 박히시려 이 땅에 오셨습니까? 무엇을 위하여 이 땅에 오셔서 십자가에 못 박히셨습니까? 하나님의 어린 양은 십자가 위에서 자신을 모든 사람들의 대속물로 우리들에게 주셨습니다. 죄로 말미암아 하나님께서 주신 하나님의 형상으로서의 그 모든 존귀함을 잃어 사망에 속하고, 죽음의 종되어 영원한 형벌의 심판 가운데 헤어 나올 수 없는 죄인들을 위하여 하나님께서는 자신의 독생자를 십자가 위에 우리들에게 내어 주셨습니다. 그 십자가는 우리 아버지 하나님께서 그 독생자 예수 그리스도를 내어주신 십자가이며 우리들을 다시 찾으시는 십자가입니다.

2) 세상이 나를 대하여 십자가에 못 박힘

예수 십자가는 그 십자가 위에서 놀라운 일이 일어나게 하였습니다. 바울은 이 십자가 위에서 일어난 일들을 우리들에게 잘 전하여 줍니다. 십자가 위에서 죽으신 것은 그리스도만이 아닙니다. 그리스도로 말미암아 이제 세상이 십자가에 못 박히어야 합니다. 두 번째 십자가는 세상이 십자가에 못 박히는 것입니다. 세상이 십자가에 못 박힘으로 세상은 이제 내게 배설물과 같이 되는 것입니다. 십자가의 경험은 예수 그리스도를 얻게 되는 것입니다. 그리스도로 말미암아 하나님과 화목케 되는 것입니다. 동시에 십자가의 경험은 그리스도로 말미암아 세상이 나에게 대하여 십자가에 못 박힘으로 배설물같이 여겨지는 것입니다. 십자가를 경험하는 자에게 결코 세상이 자랑이 될 수 없는 것입니다.

3) 내가 세상에 대하여 십자가에 못 박힘

세 번째로 그리스도 말미암아 세상에 대하여 내가 십자가에 못 박히는 것입니다. 나는 세상에 대하여 십자가에 못 박힌 자가 되어야 합니다.

우리는 세상에 대하여 십자가에 못 박힌 자가 되어야 합니다. 세상의 조롱거리가 되어야 합니다. 세상에서 멸시받는 자가 되어야 합니다. 그것이 바로 복음입니다. 우리가 언제까지나 세상의 환영을 받고 존경을 받고 칭송을 받는다면 그것은 복음적인 것이 될 수 없는 것입니다. 복음은 예수 그리스도의 십자가로 말미암아 세상이 못 박힘으로 세상이 나의 조롱거리가 되게 합니다. 내가 세상을 멸시하는 것입니다. 그러나 또한 세상이 나를 십자가에 못 박음으로 세상이 나를 멸시하고 조롱하는 곳입니다.

5. 할례나 무할례가 아닌 무엇이 중요합니까?(15절)

할례를 받은 것도, 할례를 받지 않은 것도 구원과는 아무런 상관이 없습니다. 할례를 받지 않았다고 하여서 구원에서 제외되는 것도 아니며 할례를 받지 않았다는 것도 이제 아무 의미도 없습니다.

그리스도인들은 믿음으로 말미암아 거듭난 자가 됩니다. 육으로 난 자는 육이나 영으로 난 자가 되는 것입니다. 이는 우리들에게 새로 지으심을 받았다고 가르치시는 것입니다.

"그런즉 누구든지 그리스도 안에 있으면 새로운 피조물이라 이전 것은 지나갔으니 보라 새것이 되었도다"(고후 5:17)

6. 하나님의 이스라엘은 어떠한 사람들입니까?(16절)

하나님의 이스라엘은 '이 규례를 행하는 자'들입니다. 이 규례를 행하는 자에서 중요한 것은 '행함'에 있는 것이 아니라 '규례'에 있습니다. 이 규례는 복음의 원리를 가르칩니다. 예수 그리스도를 믿음으로 말미암은 구원과 그 안에서 새로운 피조물이 됨을 붙잡는 것입니다. 이들이 바로 하나님의 이스라엘, 참된 영적 이스라엘이 되는 것입니다.

7. 바울의 예수의 흔적을 살펴봅시다(17절).

바울을 괴롭게 한 것은 복음을 핍박함으로 말미암은 것이며 또한 그리스도의 자녀들이 율법으로 돌아가는 것입니다. 바울은 자신의 몸에 예수의 흔적이 있다고 말하였습니다. 이는 그가 예수 그리스도의 복음을 전함에 있어서 받았던 능욕과 고난과 채찍의 흔적입니다.

8. 바울의 마지막 인사말을 살펴봅시다(18절).

"형제들아 우리 주 예수 그리스도의 은혜가 너희 심령에 있을지어다 아멘"(18절)

바울은 마지막 인사말을 남기며 그들의 심령에 주 예수 그리스도의 은혜가 여전히 남아있기를 간구하였습니다. 이 '은혜'는 바울의 모든 가르침을 한 마디로 요약한 말씀입니다.

묵 상

01   내게 그리스도의 십자가는 어떠한 의미가 있습니까?

02   나는 새로 지으심을 받은 사람입니까?

03   나는 어떠한 예수의 흔적을 가지고 있습니까?

되새김

때로는 거슬러 올라감이 유익함이 됩니다. '내 심령에 은혜가 남아 있는지', '내 몸에 예수의 흔적이 있는지', '평강과 긍휼이 있는지', '이 규례를 행하는 자인지', '새로 지으심을 받았는지', '우리 주 예수 그리스도의 십자가 외에 자랑할 것이 없는지', '그리스도의 십자가로 말미암아 박해를 받는 자인지'... 믿음의 삶은 언제나 예수 십자가를 회상하며 기억하며 붙잡고 선포하는 삶입니다.

참고도서

- Barclay, John M. G. 『Obeying the Truth: Paul's Etbics in Galatians』. Minneapolis: Fortress, 1991.
- Dunn, James D. G. 『The Epistle to the Galatians』. Black's New Testament Commentary. Peabody, Mass.: Hendrickson, 1993.
- Ebeling, Gerhard. 『The Truth of the Gospel: An Exposition of Galatians』. Philadelphia: Fortress, 1985.
- Bruce, F. F. 『성경주석 뉴인터내셔널: 갈라디아서 골로새서 에베소서』. 서울: 생명의 말씀사, 1988.
- Betz, Hans Dieter. 『국제성서주석: 갈라디아서』. 서울: 한국신학연구소, 1987.
- Cousar, Charles B. 『현대성서주석: 갈라디아서』. 서울: 한국장로교출판사, 2004.
- Longenecker, Richard N. 『WBC 성경주석: 갈라디아서』. 서울: 솔로몬, 2003.
- 황원하. 『갈라디아서 주해』. 평택: 교회와 성경, 2014.
- Dunn, James D. G. 『바울신학』. 고양: 크리스챤 다이제스트, 2003.
- Fitzmyer, Joseph A. 『바울의 신학』. 서울: 솔로몬, 2001.
- Bruce, F. F. 『바울신학』. 서울: 기독교문서 선교회, 2001.
- 레이먼드, 로버트 L. 『바울의 생애와 신학』. 고양: 크리스챤 다이제스트, 2003.
- 김세윤. 『바울 복음의 기원』. 서울: 도서출판 엠마오, 1996.
- Sanders, E. P. 『바울』. 서울: 시공사, 1999.
- Bornkamm. 『바울-그의 생애와 사상』. 서울: 이화여자대학교 출판부, 2001.

갈라디아서

초판인쇄일 _ 2024년 11월 1일
초판발행일 _ 2024년 11월 1일

펴낸이 _ 임경묵
펴낸곳 _ 도서출판 다바르

주소 _ 인천 서구 건지로 242, A동 401호(가좌동)
전화 _ 032) 574-8291

지은이 _ 임경묵 목사
　　　　연세대학교 신학과 졸업
　　　　장로회신학대학교 신대원 졸업(M.Div.)
　　　　장로회신학대학교 대학원 졸업(Th.M.)
　　　　현) 주향교회 담임목사
　　　　현) 다바르 말씀사역원 원장

기획 및 편집 _ 장원문화인쇄
인쇄 _ 장원문화인쇄

ISBN 979-11-93435-12-0